オープンサイエンスに
まつわる論点

変革する学術コミュニケーション

一般社団法人 情報科学技術協会 [監修]

南山 泰之 [編]

池内 有為
尾城 孝一
佐藤 翔
林　　和弘
林　　豊

樹村房

はじめに

　オープンサイエンスは，昨今の学術コミュニケーションの動向を語るうえで重要な概念であり，学術コミュニティの内外で広く認識されつつある。一方で，オープンサイエンスを平易に紹介した日本語の入門書はいまだ刊行されておらず，初学者がその概念の広がりや現在の論点を正確に捉えることは困難な状況になりつつある。

　一般社団法人 情報科学技術協会（Information Science and Technology Association, Japan：INFOSTA）では，2018〜2019年度にかけて連載記事「オープンサイエンスのいま」全24回を会誌『情報の科学と技術』に掲載し，本テーマに関する最新の動向を会員へ提供してきた。本書はこの取り組みをもとに，各記事ごとに最新動向のアップデートを加えた形で編纂したものである。併せて，連載当時は時系列に起こっていた事象の構造化を試みており，読者がオープンサイエンスをある程度体系的に理解できるよう工夫した。執筆陣には，当時連載を担当された4名の方々（佐藤翔氏，林豊氏，池内有為氏，尾城孝一氏）に加え，新たに林和弘氏をお招きした。伝統的なオープンアクセスの視点を踏まえつつも，研究データ管理，プレプリント，次世代リポジトリといったテーマも組み込んだ，学術コミュニケーションの変容が感じられる内容となっている。

　また，本書のカバーする範囲についてもここで言及したい。本文中にも度々言及があるとおり，オープンサイエンスは多義的に用いられる用語であり，明確に合意された定義は2023年現在でも存在していない。そのため，この用語に含まれる全ての取り組みを網羅することは目指さず，あくまでも当時の連載記事をベースに論点を示す編集方針を立てている。結果として，シチズンサイエンスなどいくつかの重要なトピックは外さざるを得なかった。一方で，これらのトピックを取り込むための仕掛けとして，本書は電子媒体でも同時に記事を提供していく。今後新たなトピックを含む記事が執筆された場合，電子媒体の一部として編纂され，適宜のタイミングで冊子としても改訂版を出していくような運用を考えている。なお，この運用を見越した対応の一環として，本書の用語集については柔軟な差し替えが可能なウェブ上でのみ公開する方針とした。

用語集へのリンクは奥付ページに記しているので，適宜参照されたい。このような電子出版のモデルは，日本における参照できる実践例がまだまだ少ないため，手探りで進めていくことになろうが，読者の皆さまのご理解，ご支援を賜れれば有り難い限りである。

　最後に，本企画に対して親身に相談に乗っていただいた小野寺夏生氏（科学技術・学術政策研究所），及び挑戦的な要素を含む企画にご尽力いただいた大塚栄一氏，石村早紀氏（樹村房）に心から御礼申し上げたい。

　　2023年 5 月31日

編者　南山　泰之

v

オープンサイエンスにまつわる論点

もくじ

はじめに　　iii

1章　オープンアクセスからみたオープンサイエンスと本書の位置付け —— *1*

2章　オープンアクセス ———————————————————— *6*
2.1　実現モデル …………………………………………………… *6*
　2.1.1　オープンアクセスメガジャーナルの興隆，と，停滞　　*6*
　2.1.2　Plan S：原則と運用　　*9*
　2.1.3　学術雑誌の「転換契約」とは何か？　　*17*
　2.1.4　*Gates Open Research* のいま　　*23*
2.2　APC ……………………………………………………………… *28*
　2.2.1　値上がりする APC　　*28*
　2.2.2　妥当な APC を求めて　　*33*
2.3　ハゲタカ ……………………………………………………… *37*
　2.3.1　日本の医学博士論文に潜む7.5％のハゲタカOA　　*37*
　2.3.2　ハゲタカOA論文の4割は一度は引用されている　　*41*

3章　研究データ共有 ———————————————————— *54*
3.1　研究データ管理（RDM）………………………………… *54*
　3.1.1　RDM の目的地と現在地　　*55*
　3.1.2　データマネジメントプラン（DMP）：FAIR原則の実現に向けて
　　　　　　　　　　　　　　　　　　　　　　　　　　　　61
3.2　研究データの利用 …………………………………………… *67*
　3.2.1　研究データ共有におけるライセンスの検討状況　　*67*
　3.2.2　研究データの検索ツール　　*71*
　3.2.3　研究データの信頼性：データの選択方法と質の向上　　*76*

4章　学術コミュニケーションを支えるオープンなインフラ ──────── 87

4.1　プレプリント ………………………………………………… 87

　4.1.1　進化するプレプリントの風景　*87*

　4.1.2　オープンサイエンスの効果と課題：新型コロナウイルス及び
　　　　　COVID-19に関する学術界の動向　*93*

4.2　引用 …………………………………………………………… 100

　4.2.1　オープン・サイテーションのいま　*100*

　4.2.2　データ引用：新たな規範への道のり　*105*

4.3　支援コミュニティ …………………………………………… 111

　4.3.1　「次世代リポジトリ」のヴィジョン　*111*

　4.3.2　もう一つの図書館クラウドファンディング：
　　　　　図書館共同出資モデルによるオープンアクセスの推進　*116*

　4.3.3　研究データ管理を担う人材育成のための教材開発　*122*

5章　その他の論点 ──────────────────────── 141

5.1　異版にまつわるエトセトラ ………………………………… 141

　5.1.1　異版の存在　*141*

　5.1.2　版の乱立による問題　*141*

　5.1.3　メタデータで異版を記述する　*142*

　5.1.4　機械的に異版を関連付ける？　*143*

　5.1.5　異版の意義　*144*

5.2　"Access Broker" と呼ばれても ……………………………… 144

　5.2.1　1クリックという理想　*144*

　5.2.2　Unpaywall　*144*

　5.2.3　Kopernio　*146*

　5.2.4　Anywhere Access　*147*

　5.2.5　Universal CASA　*148*

　5.2.6　RA21による批判　*150*

　5.2.7　Access Broker のその後　*150*

5.3　機械が書いた学術書『Lithium-Ion Batteries』 ……………… 151

5.3.1　人間はいつまで科学の担い手でいられるのか　*151*

5.3.2　『Lithium-Ion Batteries』概要　*152*

5.3.3　Beta Writer の仕組み　*153*

5.3.4　機械による学術文献生成の未来とそれを支えるオープンサイエンス
　　　　154

5.3.5　機械による学術文献生成のその後　*156*

おわりに　*161*

索引　*165*

初出一覧　*167*

〈本書の執筆分担〉

1章　林 和弘

2章　尾城 孝一，佐藤 翔，林 豊

3章　池内 有為

4章　池内 有為，尾城 孝一，佐藤 翔，林 豊

5章　佐藤 翔，林 豊

内容構成・編集　南山 泰之

1章

オープンアクセスからみた
オープンサイエンスと本書の位置付け

　インターネットを中心とする情報通信技術（ICT）は，1990年代に入ってウェブの発明とともにアカデミアに大きな影響を与え，まず学術ジャーナルの電子化を推し進めた。そして，2000年代になって社会にも浸透し始めて Google などの企業が立ち上がり，2010年代には深層学習に象徴される AI のさらなる進化とともに社会の情報基盤を大きく変革させる流れとなった。そして，2020年代に入って COVID-19の影響も受けて，データ駆動型の社会への変化を加速させている。オープンサイエンスはこの社会変革とともに，科学を中心とした知識をより社会に開き，科学を変え，産業を含む社会を変え，科学と社会の関係も変えるものとして注目され主に政策面で発展してきた概念である。

　オープンサイエンスは包括的な概念でありその定義もさまざまである。また，主に科学のプロセスをオープンにして研究のスタイルや評価そのものを変える立場から，研究成果を幅広く共有して産業を発展させ，社会をより良くする立場に広がっている。例えば，2021年に公表された，ユネスコのオープンサイエンス勧告においては，より包括的に"オープンサイエンスとは，多言語の科学知識を誰もがオープンに利用でき，アクセスでき，再利用できるようにすること，科学と社会の利益のために科学的な協力や情報の共有を増やすこと，科学知識の創造，評価，伝達のプロセスを従来の科学コミュニティを超えて社会のアクターに開放することを目的とした，さまざまな運動や実践を組み合わせた包括的な概念"としている。

　このように社会変革までを織り込んだ包括的な概念であるオープンサイエンスを総じて論ずるのは大変困難であるが，本書で着目する図書館情報学の観点からみると，学術論文のオープンアクセス（OA）を起点とした三つの視点があるといえる。まず歴史的にも最も重要な視点は，1990年代に始まる研究成果

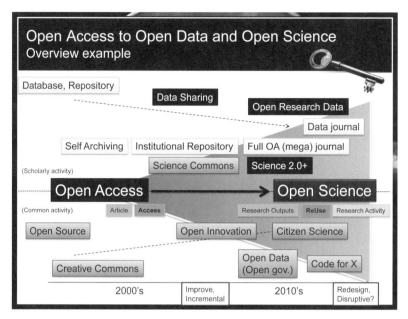

1-1図　オープンアクセスからオープンサイエンスへ[1]

　としての学術論文の共有・公開手段が，電子化によって，よりオープンになり
2000年代にオープンアクセス運動として広まったことである。この学術論文の
オープン化は出版者のビジネスモデルを変え，図書館も機関リポジトリを持つ
などして，両者の関係性に大きな変化をもたらした。二つ目は，2010年代より，
論文も含む研究成果の影響度に関して議論が活発化し，科学インパクトの計量
が進展し，されに社会インパクトの計量と価値付けの議論も深まるなどして，
その影響も多様に論じられるようになった点である。三つ目は，2010年代後半
から2020年代に本格化し始めた，研究成果そのものが学術論文やモノグラフの
紙由来のメディアから研究データ他デジタルネイティブなメディアに拡張され
多層化し始めた点である。
　これらオープンアクセスに始まる三つを軸足に，学術研究活動や研究者の変

＊1：Hayashi, Kazuhiro. "An overview example of Open Access to Open Science".
figshare. 2016-10-12. https://doi.org/10.6084/m9.figshare.4007754.v1, (ac-
cessed 2022-08-01).

化，あるいは，社会への影響を論じることで，一定の議論の土台のもとで，学術情報流通のあり方を再構築しオープンサイエンスを紐解くことが可能となる。これらの潮流を一言で述べれば，オープンアクセスからオープンサイエンスに議論が広がることで，学術論文のオープン化から研究データを中心とした研究成果のオープン化に拡張し，成果へのアクセスから再利用に拡張し，学術情報流通の変化から学術研究活動そのものの変化に拡張し，出版者−図書館間の問題から研究データ共有に取り組んできたこれまでの研究者の流れや産業・市民を含む社会のアクターをも包摂した問題に拡張したといえる（1-1図参照）。

このオープンサイエンスの潮流は新たな課題を顕在化させてもいる。論文のオープンアクセス化の進展は論文掲載料（Article Processing Charge：APC）と粗悪（Predatory）ジャーナルの問題を生み出した。また，知識のオープン化は，研究者間のコミュニケーションを促し研究の加速をもたらすだけでなく，広く市民を含む科学リテラシーを向上させる可能性を持つが，知識の正しさをどのように担保するかが改めて問題となっている。これはCOVID-19によって，査読なしで共有されるプレプリントをどう取り扱うか，あるいは，フェイク情報にどのように対処するかといった形で具体的に私たちに問われることとなり，対照的に学術論文の査読の課題が浮き彫りとなり，その意義が再考されてもいる。研究データに関しても，新たな研究成果メディアとしてその質の保証や，データ提供者へのインセンティブづくり，あるいは，研究データ流通基盤整備をどのように構築するかが課題となっている。

本書は，以上で紹介した包括的な概念でありかつ最終的には科学や社会そのものを変革させることを念頭に置くオープンサイエンスについて，研究論文のオープンアクセス，研究データの共有，学術コミュニケーションの変化に注目してこれまでの取り組みを俯瞰し，現状での体系化を試みたものとなる。

▶コラム1

研究データ共有に関するボトムアップの取り組み：
研究データ同盟（RDA）と研究データ利活用協議会（RDUF）

　研究データ共有は，ヒトゲノム計画のような世界規模の取り決めや研究助成機関によるデータマネジメントプランの義務化といった，トップダウンの政策によって推進されてきた。しかし，研究データを分野や地域を超えて共有するためには乗り越えるべき技術的な課題，及び規範や慣習といった社会的・文化的な課題があり，研究活動に関わるステークホルダーが集まって合意形成を行う場が必要となる。国際的には2013年に研究データ同盟（Research Data Alliance：RDA）[1]が，日本においては2016年に研究データ利活用協議会（Research Data Utilization Forum：RDUF）[2]が設立され，さまざまな課題の解決を目指してボトムアップの活動を行っている。RDA や RDUF には，研究者，図書館員，学術出版社，情報技術者，政府関係者など多様なステークホルダーが参加して，課題ごとにグループを作り，情報を共有し，ガイドラインやツールなどの成果物を公開している。本コラムでは，RDA と RDUF の活動について2023年5月現在の情報に基づいて紹介したい。

　RDA には，個人会員が13,528名，組織・団体会員が71機関参加しており，Working Groups（WG），Interest Groups（IG），Communities of Practice（CoP）を通じて活動を行っている。現在活動中の WG は「メタデータ標準カタログ」や「健康分野のブロックチェーンアプリケーション」など48のテーマで設置されており，18か月の期限内にツールやポリシーなどを開発する。IG は，「研究データの取り扱いに関する教育・研修」や「研究データのためのリポジトリプラットフォーム」など63のテーマで設置されており，期限を定めずに課題の解決を図る。CoP は2020年12月に新たに導入された制度で，一つ以上の WG や IG に関連した特定の分野や研究領域における知識や技術を調査，議論，提供する専門家集団である。これらの活動を通じた成果物は，RDA のウェブサイトやデータリポジトリの Zenodo で公開されている。

　RDA の基本方針は，（1）誰もが参加できる公開性とプロセスや成果物の透明性，（2）コンセンサスに基づく意思決定，（3）会員やステークホルダーによるコミュニティの包括性，（4）データ標準やポリシー，技術，コミュニティ間の調和をはかること，（5）ボランティアベースでコミュニティ主導の組織であること，（6）非営利かつ技術的に中立であることとされている。通常の活動は WG や IG ごとにメーリングリストやオンライン会議で進められており，年に2回の全体総会（Plenary）で報告や議論が行われる[3]。本連載では，2019年の秋にフィンランドで行われた全体総会の様子を報告したので，関心をお持ちの方はご一読いただければと思う[4]。

　RDUF には，個人会員が154名，機関会員が7機関参加しており，小委員会と部会をベースに活動を行っている。現在活動中の小委員会は「人文学・社会科学のデータ共有における課題検討」と「研究データへの DOI 登録促進」であり，テーマに関心をもつ会員が集まって，12か月でテーマに関する成果物を公開する。小委員会で得られた知見に基づき長期的な活動を行う部会は，現在「データ共有・公開制度検討部会」と「ジャパンデータリポジトリネットワーク推進部会（JDARN）」が設置されている。なお，成果物は RDUF のウェブサイトで公開されている。

　RDUF 全体の活動方針として，令和5年度は（1）さまざまな知見やユースケースを共有し，関係者間のネットワークを構築・強化するための場をつくる，（2）参加機関の現場の抱える関心事などについて検討し，その結果を「研究データ利活用協議会」の成果物（ガイドライン，ノウハウ集，事例集など）としてまとめることを目指す，（3）普及・広報活動を強化し，「研究データ利活用協議会」のプレゼンス向上を図るという3点が掲げられている[5]。シンポジウムなどの公開イベントを開催したり，Japan Open Science Summit（JOSS）に参加することによって，データに関するコミュニティの醸成に寄与している。研究データ共有に関心を持つ方はもちろんのこと，「データ共有業務を担当することになってしまった……」という方にも参加を薦めたい。

（池内有為）

引用・参考文献

1：RDA. https://www.rd-alliance.org/,（accessed 2023-05-07）.

2：RDUF. https://japanlinkcenter.org/rduf/index.html,（accessed 2023-05-07）.

3：Berman, Francine. "The Research Data Alliance: The First Five Years". The Research Data Alliance. 2019. 20p. https://www.rd-alliance.org/sites/default/files/attachment/RDA％20RETROSPECTIVE％20FINAL％20-％20HDSR.pdf,（accessed 2023-01-20）.

4：池内有為. 連載, オープンサイエンスのいま：研究データ同盟（Research Data Alliance）第14回総会：データが社会を変える. 情報の科学と技術. 2019, vol.69, no.12, p.610-612. https://doi.org/10.18919/jkg.69.12_610,（参照 2022-08-01）.

5：「研究データ利活用協議会」令和5年度の活動方針. 研究データ利活用協議会, 2023, p.1. https://japanlinkcenter.org/rduf/doc/rduf_plan_FY2023.pdf,（参照 2023-05-07）.

2 章

オープンアクセス

オープンアクセス（OA）の辞書的な定義としては，査読付きの学術雑誌論文等について，「インターネットにアクセスできることそれ自体を除く経済的，法的，技術的な障壁なく文献を利用できるようにすること」となる。主な実現手段としては著者が機関リポジトリ・主題リポジトリ等で論文を公開する方法（グリーンOA）と，利用者に料金を課さず，著者から徴収する料金（Article Processing Charge：APC）等で運営されるOA雑誌（ゴールドOA）がある。また，有料の雑誌に掲載された論文について，著者が追加料金を払うとOAにできるハイブリッドOAという手法もある。

2.1 実現モデル

2.1.1 オープンアクセスメガジャーナルの興隆，と，停滞

2.1.1.1 オープンアクセスメガジャーナルの興隆

「OAメガジャーナル」という語を作ったのは *PLOS ONE* の担当者（当時）だった Peter Binfield である。*PLOS ONE* の詳細は別稿に譲るが[1]，2006年に PLOS が創刊した *PLOS ONE* は，査読を簡略化し，手法と結果の解釈が科学的に妥当なら論文を掲載するというOA雑誌である。査読が簡略化されている分，掲載が早く，その割にはインパクトファクターも悪くはない，というのが特徴であった。もう一つの特徴はどんな分野の論文でも受け付ける，その結果としての投稿数と掲載論文数の多さで，*PLOS ONE* は一時，年間3万本以上論文を掲載するお化け雑誌となった。そんな隆盛の最中にあった時に Binfield が同誌のモデルに名前を付けたのが「OAメガジャーナル」で，日本では同氏を招いた SPARC Japan セミナーの前後からよく知られるようになった。

セミナーの中で Binfield は「今後 5 年以内に（2016年までに），こうしたメガジャーナルの興隆により，全論文の50％がおおむね OA で発表される」と大胆な予想を披露している[2]。*PLOS ONE* を真似した「クローン」雑誌も続々登場し，これは時代が来る，と思わせるものがあった。

2.1.1.2　オープンアクセスメガジャーナルの停滞

　それから 7 年。数あった *PLOS ONE* クローンの中では Springer Nature の雑誌 *Scientific Reports* が大成功を収めた。大成功を収めすぎて，*PLOS ONE* が食われた，というのが最近の状況である。予兆は2014年頃から既に出ていたが，*PLOS ONE* の論文数が2013年をピークに減少の一途をたどった一方で，*Scientific Reports* の論文数は伸び続け，2017年，ついに逆転に至った（2-1図）。投稿数の減少にシステム改修等の設備投資も重なったことで，PLOS 自体の財政も2016年から再び赤字に転落した[3]。Binfield の予想的には，2016年と言えば OA メガジャーナル大隆盛の時代のはずだったのに……。

　PLOS ONE が落ちぶれても他の雑誌が伸びて，全体としては OA メガジャーナルの時代が来た，ということにもならなかった。2-1図の *PLOS ONE* と *Scientific Reports* の掲載論文数を足しても，2017年時点で約44,000本。Sco-

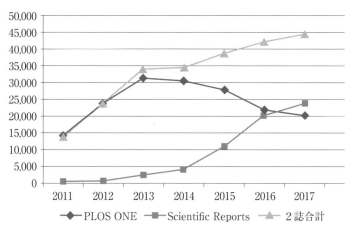

2-1図　*PLOS ONE*・*Scientific Reports* の掲載論文数の推移[*1]

＊1：データの出典は Scopus。

pus によると2017年の世界の雑誌論文数（原著論文）は約185万本なので，OA メガジャーナル掲載分はわずか2.4％ということになる。この2誌以外の「クローン」たちはどうかと言えば，どれも失敗はしていないものの，「メガジャーナル」というような，世界の論文の1％以上（つまり数万本）の論文が毎年，載るレベルには至っていない。メガジャーナルの時代は来なかったのである。

　そもそも Binfield が予測の根拠の一つにしたのは David W. Lewis が発表した「2020年には学術論文の90％はゴールド OA 論文になる＝OA 誌に掲載される」という予測である[4]。これはさらに別の論文における OA 誌掲載論文の推移のデータ[5]をベースに，元の論文では OA 誌掲載論文の割合は直線的に増加し続けると仮定していたのを，「ゴールド OA は破壊的イノベーションだから，置き換わりは指数関数的に（正確にはロジスティック曲線＝S字を描く）進むはず！」という仮定の下で計算し直した，というものであった。しかし2-1図を見る限り，OA 雑誌（少なくとも OA メガジャーナル）掲載論文数の伸びは，やはり曲線的ではなく直線的，いやむしろ，曲線だとしたらカーブがなだらかになって（伸びが鈍化して）きている。もちろん，OA 自体は進んでいるわけだが，Binfield らの予想ほど劇的ではない。では結局，OA メガジャーナルとは何だったのかと言えば，皮肉屋でも知られる図書館情報学者，P. Davis は，「当初は多くの人が学術雑誌市場のラディカルな統合と信じていたけど，結局は新たなニッチを見つけただけだったんじゃないか」と結論付けている[6]。個人的にはこれだけ大きいニッチを開拓したのなら十分，意義があると思うが，新時代を切り開くまでにはいかなかった。結局，まだまだ研究者は権威ある雑誌に論文を載せたい，という思いと圧力からは逃れられないのだろう。逆に言えば，現在の OA の伸長は基本的に OA メガジャーナルのような「破壊的イノベーション」を指向するものではなく，既存の学術情報流通を前提とした OA 化進展によって成り立っている。しかしそれがずっと続くのか。いい加減，研究・学術情報流通の世界にラディカルな変革の時代が訪れるのではないか。

2.1.1.3　その後のオープンアクセスメガジャーナル

　その後の *PLOS ONE* と *Scientific Reports* の状況はどうか。*PLOS ONE* は2018年の掲載論文数が17,907本で，この年は *Scientific Reports*（17,153本）より

も多くなっている。しかし翌年以降，*PLOS ONE* が15,000〜16,000本で推移しているのに対し，*Scientific Reports* は2019年に19,858本掲載の後，20,000本を超え，2021年には23,311本となっている。掲載論文数については今や *PLOS ONE* は *Scientific Reports* に完全に水をあけられてしまったと言えそうだ。加えて両誌併せての掲載論文数は40,000本未満にとどまっている。Binfield の日本講演から10年，やはり OA メガジャーナルは学術情報流通の世界を塗り替えるものには至らず，Davis の指摘どおり「新たなニッチ」にとどまったと結論付けられそうである。

2.1.2　Plan S：原則と運用

2.1.2.1　cOAlition S／Plan S

　2018年9月4日，欧州で完全・即時の OA を目指すコンソーシアム cOAlition S が誕生した[7,8]。Science Europe のコーディネートのもと，欧州委員会（EC）と欧州研究評議会（ERC）の支援を受け[9]，英国やオランダを含めた欧州の11の公的助成機関が立ち上げたものである。11機関の助成総額は年間約76億ユーロとされる[10]。その後，公的助成機関として Academy of Finland（フィンランド）と FORTE（スウェーデン）が，慈善団体として Wellcome Trust（英国），Bill & Melinda Gates Foundation（ゲイツ財団。米国），Riksbankens Jubileumsfond（スウェーデン）が加わっている[11]。

　cOAlition S の打ち出した計画は Plan S と呼ばれており，手始めに一つの目標と10の原則を発表した[12]。目標は「2020年1月1日以降，公的助成を受けた研究成果出版物は，Plan S に準拠した OA ジャーナルないし OA プラットフォームで公開しなければならない」というものだが，字面だけではその凄さがわからない。原則のほうを見てみよう（翻訳および下線は筆者による）。

2.1.2.2　10の原則

　　①著者は無制限の著作権を留保する。全ての出版物はオープンライセンス（CC BY が望ましい）で出版されなければならない。あらゆる場合において，当該ライセンスはベルリン宣言の条件を満たす必要がある。

②助成機関は高品質な OA ジャーナル及び OA プラットフォームの提供するサービスが満たすべき確固たる基準及び要件を協同で確立する。

③高品質な OA ジャーナルや OA プラットフォームが存在しないのであれば，助成機関は連携してその構築を奨励し，支援する。必要があれば，支援は OA インフラストラクチャーに対しても行われる。

④OA 出版料は研究者個人ではなく，助成機関や大学によって負担される。機関の負担が限定されている場合でも，全ての研究者が研究成果を OA で出版可能であるべきだと認められる。

⑤OA 出版料に対する助成には標準と上限が設けられる（欧州全体で）。

⑥とりわけ透明性の担保のため，助成機関は，大学，研究機関，図書館に対して，ポリシー及び戦略を整合させることが求められる。

⑦上記原則は全ての学術出版物に適用されるが，単行書や図書の OA の実現が2020年1月1日以降になりうることは了解されている。

⑧長期保存及び編集に関するイノベーションの観点から，研究成果をオープンアーカイブズ及びリポジトリに搭載することの重要性は認識されている。

⑨ハイブリッドモデルは上記原則に適合しない。

⑩助成機関は原則の履行状況をモニタリングし，違反に対しては罰則を課す。

　つ，強気だ……。Plan S に署名した助成機関，そしてそういった助成機関から助成を受けた研究者は，10の原則を守る必要が出てくる。

　原則で興味を引くところはいろいろあるのだが，Plan S を Plan S たらしめている最大の特徴は，①（著作権の保持）と⑨（ハイブリッド OA の否定）である。①によってエンバーゴが消滅し，出版後の即時 OA 実現が可能となる。また⑨によって，助成を受けた研究者は購読型ジャーナルで論文を発表することができなくなる。

　ここで「ん？　グリーン OA はどうなっているの？」と引っかかる方も多いだろう。たとえ購読型ジャーナルに論文を発表したとしても，著者最終稿を機関リポジトリで公開すれば良いのではないかと（それでもゼロエンバーゴ& CC BY 付与という出版社にとって難しい要求もあるのだが）。ただ，一応リポジトリにも言及されているものの（⑧），Plan S のグリーン OA に対するスタンスはい

まいち曖昧なのだった[13]．この原則の時点では。

　Plan S が DORA（研究評価に関するサンフランシスコ宣言）への署名について言及している点にも注目したい[14]。端的に言えば，どのジャーナルに掲載されたかではなく論文の内容そのものを評価すべきというものである。ハイブリッド OA の否定との合わせ技であろう。

2.1.2.3　反響

　こんな強気な原則に対して，激しい反響が巻き起こらないはずがない。とてもそのすべてをフォローすることはできないが，主要なものだけでも簡単に紹介したい。

（1）出版社（商業出版社，学会）

　（グリーン OA を枠外に置けば）ハイブリッド OA の否定は購読型ジャーナルの否定とイコールなので，OA 専業ではない商業出版社の反応は自明であろう。国際 STM 出版社協会[15]，Elsevier，Springer Nature[16]，AAAS（Science の出版元)[17]等から批判の声が上がっている。

　OASPA（OA 学術出版協会）は基本的には賛意を示しつつも，購読型ジャーナルの否定により APC を支出できない研究者が論文発表機会を失うことや，学会や小規模出版社での対応可能性等を懸念している[18,19,20]。他に興味深い反応では，「ハイブリッドがだめならミラージャーナルに出せば良いじゃない」[21]という話もあった（後述するように，Plan S の Implementation Guidance では否定されている）。

（2）研究者

　伝統ある評価の高い購読型ジャーナルへの論文掲載は研究者としての高い評価に直結することから，その否定は研究者にとってもスルーできる話ではない。ジャーナルの投稿先[22]に口を出すことは「学問の自由」を犯していると批判するウプサラ大学の生化学者 Lynn Kamerlin らによる署名に対して，1,600人超の賛同が集まっている[23,24,25]。

　一方，カリフォルニア大学バークレー校の生物科学者であり PLOS の共同設立者でもある Michael Eisen は，Plan S の支持を謳い，多数の研究者を含む1,900名近くの署名を集めている[26,27]。また，ALLEA（ALL European Acade-

mies）は，若手研究者のキャリアへの影響を懸念し，完全 OA への移行におい
ては研究評価システムの再構築をも同時に進めていく必要があるとしている[28]。
Plan S が単なる研究成果の公表方法に留まらず，DORA を採用して研究評価
にまで踏み込んできたのは，こういった旧来型の評価システムを解体したい
（解体しなければ OA 推進は難しい）という意思の表れだろう。

（3）リポジトリコミュニティ

　Harnad 先生[29]は平常運転。COAR[30]（オープンアクセスリポジトリ連合）や
OpenAIRE[31]は，原則では曖昧な位置付けをされている OA リポジトリの活用
を求めている。「欧州の方針や実践は他の地域に影響を与える」「地域・国の事
情（APC の負担が困難な発展途上国がある）を考慮すべき」という意見には
COAR らしさが表れている。

（4）人文学分野の立場

　欧州の DARIAH（Digital Research Infrastructure for the Arts and Humanities）[32]
は，人文学分野の立場から，Plan S の STEM 分野偏重を諌め，Jussieu call
for Open science and bibliodiversity[33, 34]を引き合いに出しつつ，OA を実現す
るためのモデルの多様性を訴えている。例えば，人文学分野では研究資金の大
部分は助成によって賄われているわけではないため，グリーン OA あるいは
ゴールド OA でも APC 著者支払いモデル以外のほうが適切だとしている。ま
た，単行書についても言及し，学位取得者を対象とする博士論文の OA 図書
出版の助成を推奨している。

（5）助成機関

　DFG（ドイツ）[35]や Swiss National Science Foundation（スイス）[36]のように，
Plan S 支持を表明しながら署名には至っていない助成機関も存在する。他方，
自前で OA プラットフォームを立ち上げるほど強力な OA 推進者であるゲイ
ツ財団と Wellcome Trust は Plan S に署名している[37]。ゲイツ財団のポリシー
（2017年1月以降適用）は現時点でも即時 OA を要求する強力なものであるが，
Plan S に合わせた改訂を検討中だという。Wellcome Trust は署名に併せて新
しい OA ポリシー（2020年1月以降適用）を発表した[38]。旧ポリシーからの主な
変更点は，

- 即時 OA（現在は6か月間エンバーゴの許容）

- CC BY で公開（現在は APC 助成を受けた場合のみ）
- ハイブリッド OA への APC 助成は行わない
- プレプリントを CC BY で公開（一部の場合）
- 助成を受けた研究機関は DORA に署名[39]

の 5 点である。新ポリシーについてのインタビューでは Robert Kiley が "We no longer believe it's a transition" とハイブリッド OA に三行半を叩きつけている[40]。

2.1.2.4　運用指針

残響鳴り止まぬなか，2018年11月27日，Plan S が待望の Implementation Guidance（運用指針）を公表した[41]。Plan S は特に対象を限定しているわけではないが，今回のスコープは学術論文（scholarly articles）としている。以下のとおり，Implementation Guidance は全11章で構成される（翻訳は筆者による）。

① 目的と範囲
② コンプライアンス
③ 出版コスト
④ 高品質な OA ジャーナル及びプラットフォームに対する支援
⑤ タイムライン
⑥ 検証
⑦ コンプライアンスと罰則
⑧ ライセンシングと権利
⑨ OA ジャーナル及びプラットフォーム
⑩ OA リポジトリへの学術コンテンツの登録
⑪ 転換契約（Transformative Agreements）

（1）原則からの変更点

最も重要な点は，②で OA リポジトリでの公開という方法が明記されるとともに[42]，条件付きで購読型ジャーナルでの出版（ハイブリッド OA での公開）が許容されたことである。後者に関しては，原則に対する反響を受けて妥協したと見てよいだろう。⑪によると，購読型ジャーナルに課せられる条件は，2021年末までに，いわゆるオフセットモデルや Read and Publish モデル[43]の

ような契約を結ぶこと，ただし，契約の詳細を公開すること，契約期間は最長
3年とすること，契約終了後にフル OA ジャーナルに移行（flip）するシナリ
オが含まれていること，というものである。

　また，⑧では，CC BY だけではなく CC BY-SA と CC0がライセンスの選
択肢として追加されている。Implementation Guidance での変更を含めて Plan
S 準拠の公開方法を整理した表が参考になるだろう[44]。

（2）OA ジャーナル／OA プラットフォームに対する条件

　⑨では，原則の②では明記されていなかった OA ジャーナル及び OA プラ
ットフォームの満たすべき基準が示されている。まず，必須項目として14件[45]
が挙げられている。その中には，DOAJ（オープンアクセス学術誌要覧）への登録，
当該分野の水準や出版倫理委員会（COPE）の基準に従った査読システムの存在，
永続的識別子としての DOI（デジタルオブジェクト識別子）の使用といった基本
的なものから，テキストマイニング対応（XML 等の機械可読形式による本文の提
供）といったそれなりに追加投資を要するものもある。APC 助成金額の具体
的な上限値はまだ示されていない（③では別途調査を行う予定だとされている）が，
コストや価格設定の透明性に関する要件も含まれている。また，APC 著者支
払いモデルへの批判に対応するものだろう，低所得国の著者に対する免除や中
所得国に対する割引の提供という条件もある。なお，ミラージャーナルはハイ
ブリッド OA と実質的に同等であるという理由から認められていない。

　その他，推奨項目として，永続識別子（著者，助成情報，機関等）のサポート
等の3件が挙げられている。

（3）OA リポジトリに対する条件

　OA リポジトリでの公開に関する条件については，⑩で述べられている。

　まず，著者と出版社に対する必須項目が6件挙げられている。基本的には，
出版社版（VoR）または著者最終稿（AAM）を，出版後即時に（ゼロエンバーゴ
で），著作権を保持したまま CC BY（または CC BY-SA か CC0）で公開すること
が求められている。この条件を（無料で）呑んでくれる出版社は存在するのだ
ろうか（存在しなければ，現実的に Plan S でグリーン OA というルートは成立しなく
なる）。

　地味な点だが，出版社に対して SHERPA/RoMEO への著作権ポリシー登録

を要求してくれているのはリポジトリ担当者としては嬉しいかぎりである。SHERPA/RoMEO に掲載されていなくて／掲載された情報が古くて，結局は出版社のサイトをチェックしなくてはいけないという面倒が減るし，SHER-PA/RoMEO API を活用した登録作業の効率化が図れる。

　次いで，OA リポジトリに対する必須項目が 8 件挙げられている。Open-DOAR への登録は当然としても，「原稿の自動収集機能」（Jisc Publications Router[46]のようなイメージだろうか。出版社による本文ファイルの提供が前提となるだろう）や，テキストマイニングのための「Journal Article Tag Suite（JATS）相当の XML 形式での本文搭載」という条件はかなり厳しい。現時点でこれらを満たすようなリポジトリシステムは存在するのだろうか（PMC？）[47]。これに対して COAR は，上記 2 点を含めた要件の一部は，堅牢で相互運用可能なリポジトリの実現において必須とは言えず，学術コミュニケーションへの参入障壁を生じ，現在そうであるように特定のプレイヤーへの集中を繰り返すだけだと主張し，要件の削除，改訂，あるいは必須項目から推奨項目への変更を強く提案している[48]。

2.1.2.5　多様な議論を超えて

　以上，2018年末時点の動向を整理した。Plan S の Implementation Guidance に対するフィードバック募集は，2019年 2 月 8 日まで行われる予定である。原則の具体的な運用方法を示した Implementation Guidance の時点でもまだまだ記述が曖昧な箇所があるし，求められている水準が高すぎて実現可能性にクエスチョンが浮かぶところもある。関係者からはさっそく詳細な批判が始まっているが[49]，今後も続々と声が挙がることだろう。

　欧州で生まれた Plan S が地域を超えて世界中に広がっていくかどうかも注目される。その点で，中国の国家科学図書館（NSL），国家科技図書文献中心（NSTL），そして助成機関である国家自然科学基金委員会（NSFC）が14th Berlin Open Access Conference において Plan S への支援を表明したというニュースは無視できない[50,51]。今回，Plan S をめぐる議論を一つひとつフォローしながら，OA には（というよりも学術研究には）単一のシンプルなモデルへの収斂ではなく多様性が不可欠であること，そしてアクセスの問題と研究評価を切

り離して考えられないことに改めて思いを巡らせた。Plan Sの「購読ジャーナルの否定」という強引さにNoを唱えても，ジャーナルプライスの終わらない高騰を是とする研究者はいないだろう。大事なのは学術コミュニケーションの主役たる研究者自身がこの問題をどうしていきたいのかという意志と覚悟だと考えている。その意味で，このように広範なステークホルダーから危機感に溢れた意見が飛び交っているのはとても健全なあり方だと感じる。

2.1.2.6　Plan Sのその後

　募集したフィードバックを受けて，2019年5月にImplementation Guidanceの改訂版が公開された[52]。その後，Plan Sは2021年1月に発効されており，2022年12月時点でcOAlition Sの参加機関は29である（途中，欧州研究会議（ERC）の離脱があった）。

　Plan Sが衝撃的であった最大の理由はハイブリッドOAの否定だったが，2018年11月のImplementation Guidanceで移行契約（Transformative Agreements）という抜け道が導入され，2019年5月の改訂版ではさらに多くの方法（移行モデル契約（Transformative Model Agreements），移行雑誌（Transformative Journals））が認められており，軟化の一途をたどったと言ってよいだろう（本書2.1.3.4も参照）。

　OAリポジトリでの公開というルートに関しては，cOAlition Sは2020年7月に「権利保持戦略（Rights Retention Strategy）」を発表した[53, 54]。cOAlition S参加機関の半数以上が既に対応しており，対応予定まで含めると8割を超える[55]。権利保持戦略というのは，ハーバード大学等のOAポリシーで採用されているアイディアで，それほど新しいものではない。研究機関が，所属研究者の論文執筆に先んじて（つまり出版社との著作権譲渡契約を取り交わすよりもはるか前に），機関リポジトリでの公開を義務付けてしまうというものである。一見，グリーンOAの障壁となる著作権の問題をクリアする秀逸なアイディアに思えるが，現実にはこの方法は無効化されうる。出版社は研究者に対して，論文掲載の条件として，出版社のポリシーに適合しない（所属機関の）OAポリシーについて適用免除（waiver）を受けるように要求してくることが少なくないのだ[56]。果たして，研究助成機関による権利保持戦略の採用が功を奏すのか。

cOAlition Sの年報によると，2021年11月時点で1,000件以上の論文が権利保持戦略に基づき公開されているという[57]。今後の展開に注目したい。

2.1.3 学術雑誌の「転換契約」とは何か？

2.1.3.1 購読からOA出版へ

　近年，大学図書館あるいは大学図書館コンソーシアムによる，学術雑誌に係る出版社への支払いを購読料からオープンアクセス（OA）出版料に移行させることを意図した転換契約（Transformative Agreements）が注目を集めている。既に，欧州の図書館コンソーシアムをはじめとして，多くの転換契約の事例が報告されている。日本の大学図書館コンソーシアム連合（JUSTICE）も，2020年以降の契約に関して，英国のケンブリッジ大学出版局（CUP）から転換契約の提案を受け，協議の結果その提案に合意した。本稿では，この転換契約について，背景，取り組み，関連する用語の定義，事例を紹介し，最後に課題や批判を踏まえて，転換契約の今後について展望する。

2.1.3.2 背景

　電子ジャーナルの普及に伴い，世界の大学図書館やコンソーシアムはビッグディールと呼ばれる包括的な購読モデルを出版社との間に締結し，アクセス可能な学術雑誌の種類数を飛躍的に増加させてきた。しかしながら，電子ジャーナルの価格の上昇は続き，図書館は経費の確保に腐心している。こうした困難な状況の中で，ビッグディールの契約から離脱する図書館も増えてきている[58]。学術雑誌はなぜ値上がりを続けるのか。さまざまな要因が指摘されているが，購読というシステムが，競争の働かない不健全な市場を形成しているが故に，ジャーナルの価格上昇に歯止めがかからないという指摘がある[59,60]。購読に替わる契約モデルを見つけない限り，学術雑誌の値上げ問題から抜け出せない。

　一方，2002年にブダペスト・オープンアクセス・イニシアティブ（Budapest Open Access Initiative：BOAI）によるブダペスト宣言[61]が公表されて以来，学術論文のオープンアクセスを標榜し，さまざまな取り組みが世界中で進められてきたが，その歩みは遅々としており，OA運動が，一部の商業的な出版社が独

占する学術雑誌の市場に大きなインパクトを与えるまでには至っていない[62]。

2.1.3.3 転換を目指す取り組み
(1) OA2020イニシアティブ

　このような背景の下，2015年4月にドイツのマックスプランクデジタルライブラリ（Max Planck Digital Library：MPDL）は，"Disrupting the subscription journals' business model for the necessary large-scale transformation to open access" というホワイトペーパー[63]を発表した。このペーパーの中で，図書館が出版社に支払っている学術雑誌の購読料を OA 出版料に転換すればすべての論文を即座に OA で出版することができるという試算が示された。購読契約から OA 出版契約への「転換」に必要な予算は既に市場にあり，今以上の経済的負担なく，転換は十分に可能である，というのがこのペーパーの主張である。この主張に基づき，2015年12月に開催された国際会議 Berlin 12（The 12th conference in the Berlin Open Access series）において，新たな OA イニシアティブである OA2020[64]の発足が決定した。

(2) JUSTICE の OA2020ロードマップ

　JUSTICE も，OA2020の取り組みに賛同し，2016年8月に学術雑誌の大規模 OA 化実現への関心表明（Expression of interest in the large-scale implementation of open access to scholarly journals）に署名した。その後，日本における論文公表実態調査などを経て，2019年3月に『購読モデルから OA 出版モデルへの転換をめざして：JUSTICE の OA2020ロードマップ』[65]を策定した。これは OA2020の戦略に沿って，JUSTICE が従来の購読契約から OA 出版契約への移行を見据え，出版社との間で転換契約の交渉を開始することを宣言し，その道筋を描いた行程表である。

(3) cOAlition S の Plan S

　研究助成機関も OA 出版への転換を後押しする取り組みを始めている。2018年9月に欧州の11の研究助成機関による cOAlition S[66]が誕生し，完全にして即時の OA を求める Plan S の10の原則が発表された。その後2018年11月に公表された実施ガイドライン[67]の中で転換契約が取り上げられており，それによれば，購読型の学術雑誌は2021年末までに転換契約を結ぶこととされてい

る。さらに，転換契約の詳細を公開すること，契約期間は最長3年とし，契約終了後に完全OA誌（掲載論文の全てがOAの学術雑誌）に移行するというシナリオが含まれていること，という条件が課せられている。

2.1.3.4 転換契約に関連するさまざまな用語

（1）転換契約

　転換契約とは，学術雑誌の契約に基づいて図書館あるいはコンソーシアムから出版社に対して行われる支払いを，購読料からOA出版料にシフトさせることを意図した契約の総称である[68]。

　ところで，転換契約には，大別するとRead and Publish（RAP）とPublish and Read（PAR）という二つのモデルがある。RAPは，読むための料金とOA出版するための料金を，一つの契約としてまとめて出版社に支払うモデルである。一方，PARは，出版社に対してOA出版のための料金のみを支払い，追加料金無しに，OAではない論文も読むことができるという契約である。RAPよりも一歩完全なOA出版契約に近づいたモデルといえよう。しかしながら，実際には，両者は明確に区別できないこともある。

　実際の転換契約にはさまざまなバリエーションが存在するが，そこには共通するいくつかの原則が認められる。例えば，転換契約の下では，著作権は出版社に譲渡されるのではなく，著者が保持することを原則とする。出版論文のライセンスとしては，一般にクリエイティブ・コモンズ・ライセンスのCC BYが推奨されている。また，これまでの購読契約では，守秘義務条項により，図書館やコンソーシアムが契約内容を開示することは原則的にできなかったが，転換契約では逆に契約条項を公にすることを原則とする。実際には，契約書の全文が公開されることもあれば，骨子のみが提供される場合もある。さらに，転換契約は，購読のための支払いから出版のための支払いへの移行を目指すという点で過渡的な契約である。最終的には，購読のための支払いをなくすことが目標とされている。

（2）オフセット契約

　オフセット契約は，購読のための料金とOA出版のための料金を相殺することを目指した契約である[69]。OA出版料の増加に応じて購読料が削減される

場合もあれば，購読料に応じて OA 出版料が割り引かれる場合もある。出版社による購読料と OA 出版料の二重取りを回避することを強く意識した契約である。

（3）Pure Publish 契約

Pure Publish 契約とは，図書館やコンソーシアムと出版社との間で合意された支払いにより，機関の著者が個別に料金を負担することなく完全 OA 誌に出版できるようになる契約を指す[70]。Pure Publish 契約は単独に締結される場合もあれば，転換契約の中の構成要素の一つとして組み込まれる場合もある。

（4）転換モデル契約と転換雑誌

cOAlition S は，2019年5月に Plan S の実施ガイドライン改訂版[71]を公表した。その中で，購読型の学術雑誌から完全 OA 誌への転換については，転換契約に加えて，転換モデル契約（Transformative Model Agreements）と転換雑誌（Transformative Journals）が支援の対象とされている。ここで言う転換モデル契約とは，転換契約に移ることが困難な中小規模の出版社や学会系の出版社が，二重取りを発生させない形で，OA 出版に転換することを促すためのモデルとなる契約のことである。一方，転換雑誌は，出版社単位ではなく雑誌単位で，OA 出版論文の比率を徐々に拡大し，二重取りを発生させないように OA 出版料を購読料の相殺に用い，2024年12月までに完全かつ即時の OA への転換を確約する学術雑誌を指している。なお，2020年4月8日に公開された転換雑誌の改訂基準[72]で，転換の期限は撤廃された。

2.1.3.5 転換契約の事例

転換契約については，OA 市場に関するデータ収集を行うイニシアティブである ESAC（Efficiency and Standards for Article Charges）が事例集（レジストリ）[73]を整備しており，そこには366の契約事例が掲載されている（2021年12月7日現在）。地域ごとに集計すると，欧州が310，北米が22，中東が15，大洋州が10，アフリカが5，アジアが4という内訳になっている。この事例集には，契約出版社，契約大学・コンソーシアム等の名称と国名，年間出版論文数，契約の開始日と終了日などの情報が記載されている。また，いくつかの事例では契約書そのものへのリンクが設定されており，契約条項の公開という原則が可能

な限り守られていることがうかがえる。

2.1.3.6 課題

　購読モデルから OA 出版モデルに転換するということは，まさに「言うは易く行うは難し」である。転換契約を実現するための課題を整理してみよう。

（1）出版社から提案を引き出せるか

　現状の購読契約を通じて安定的な収益増を達成している出版社から，転換契約の提案をいかにして引き出せるか。提案なくして交渉はありえないので，これが最初の難関である。出版社に転換契約の提案を促すには，図書館のみならず，大学等の経営層や研究助成機関との緊密な連携を通じて OA 出版への転換に向けた強い意志を出版社に示すことが必要であろう。

（2）データの収集と分析

　転換契約について出版社との交渉を進めるためには，機関に所属する研究者による論文公表数や OA 率，さらには APC の支払い額などの基礎的データを正確に把握し，それを分析する必要がある。しかしながら，とりわけ APC の支払い額を正確に把握するのは容易ではない。APC の正確な支払いを把握するには，学内研究者による APC 支払いを図書館等の組織が一元的に管理するなどの方策が不可欠となる。

（3）コンソーシアム会員大学館の間でのコスト負担の調整

　コンソーシアム内にも課題はある。従来の購読契約から，OA 出版契約に変わると，それと同時にコンソーシアム会員大学間でのコスト負担の比率も変わってくる。論文産出数の多い研究特化型の会員大学の負担がこれまでより増え，中小規模の参加大学の負担は逆に減ることが想定される。このコスト負担の激変をどう緩和していくかも，転換契約の実現に向けての大きな課題である。

（4）業務フローと人的なコスト

　さらに，実際に契約を締結して，支払を行う大学側にとっても，転換契約はチャレンジングな試みである。まず，学内でこれまで購読料として確保していた予算を OA 出版の費用に振り替えるための作業を行う必要がある。また，当然の如く，購読モデルとは異なる業務フローを作り出す必要があり，一定期間は購読モデルと転換契約が混在するので，その間の人的なコストの増大につ

いても配慮が必要であろう。

（5）バックファイルへのアクセス

　転換契約が順調に増加し，今後公表される論文の全てがOA化されたとしても，過去に公表された論文を読むためには費用が伴う。JUSTICEがOA2020ロードマップの補足的な取り組みの一つに挙げているように，学術雑誌のバックファイルへのアクセスについては，例えば国レベルでのライセンス契約を進めるなどの方策が別途必要となる。

2.1.3.7　批判と反論

　転換契約については，上述した課題に加えて，転換契約そのものに対していくつかの批判が寄せられている。例えば，人文学分野からは，APCモデルによるOAよりもグリーンOAや非APCモデルのゴールドOAの方が適しているとの声が上がっている[74]。

　また，潤沢な研究資金を持たない研究者から見ると，これまでの「購読の壁」が「出版の壁」に置き換わるだけであり，論文出版の局面において新たな格差が生じるとの懸念も表明されている[75]。

　転換契約は，APCによるOA出版を推進する取り組みとみなされることがある。しかしながら，転換契約の推進役であるOA2020の真の目的はあくまで「既存の購読モデルの撤廃とOAを可能にする新しいモデルの確立」であり，決してすべての図書館が購読料をAPCに振り替えることを推奨しているわけではない[76]。また，JUSTICEのOA2020ロードマップも「APCがなじまない学術情報のOA化を進めるため，図書館共同出資モデル等の非APC型の取り組みに対しても支援策を検討する」と表明しており，cOAlition Sも，Plan Sの実施ガイドライン改訂版において，APCモデル以外にも多様な持続可能なモデルをサポートすることを明言している。

2.1.3.8　転換契約の行く末

　転換契約は，全く新しい形の契約であり，その有効性や持続可能性についても今のところ未知数と言わざるを得ない。今後，さまざまな利害関係者からの意見や批判も踏まえつつ，より成熟したモデルへと成長させていく努力が全て

のステイクホルダーに求められる。また，転換契約を一部の国や地域，あるいは一部の学問分野に留まらず，より広く普及させていくためには，APC モデルへの転換や大手商業出版社との大規模な契約だけでなく，国や組織の政策や方針，購読規模や出版論文数といった個別の事情を踏まえ，最適な形で OA を実現する手段や方法を選択して，購読から OA への転換を図っていくことが必要であろう。

2.1.4 *Gates Open Research* のいま

2.1.4.1 *Gates Open Research* はゲームチェンジを起こすか？

　2018年10月に掲載された日本経済新聞の3回連載記事「論文は誰のものか」が，一部界隈で地味に波紋を呼んでいる。中でもゲイツ財団と *Gates Open Research*（以下，*GOR*）を取り上げた回[77]は，はてなブックマーク等でもちょっとした話題になった[78]。急に *GOR* が話題になったものだから，筆者など「え，何か新しい取り組み始まった！？　見逃してたか！？」と思ったほどである。結論から言えば別にこのときになにか新しいことが起こったわけではなかったのだが，それだけ一般紙に日本語で紹介されることの影響力は大きいのであるなあ。

　日経新聞記事には NISTEP・林和弘の「このモデルが成功すれば出版社を介さずに評価を受けた論文が世に出るようになる。学術界にゲームチェンジが起こる可能性がある」というコメントも紹介されており，はてな等でも期待のコメントが多く寄せられている。世間に注目されているよいタイミングでもあるし，あらためて *GOR* と，その仕掛け元であるゲイツ財団のオープンアクセス（OA）方針についておさらいしておくのもよいのではないだろうか。ついでに，現在の *GOR* の状況についても確認しておこう。果たしてゲームチェンジは起こせそうなのだろうか？

2.1.4.2 *Gates Open Research* の衝撃……？

　ゲイツ財団は言わずとしれたマイクロソフトの創業者，ビル・ゲイツとその妻が創設した慈善基金団体であり，国際開発，グローバルヘルス，それに米国

内での教育やIT，図書館関連事業に対して助成・支援を行っている。そのうち研究助成については2017年1年間で約5,400億円の規模であるというので，まあ大した金額である（ちなみに2017年度の科研費総額が約2,284億円）。*GOR* の主なターゲットはこのゲイツ財団の助成を受けた研究成果となる。*GOR* の開始は2017年第3四半期であった。その謳い文句でもあり，日経新聞記事にも取り上げられたフレーズは「迅速性，透明性のある出版物です」（Rapid & Transparent Publishing）[79]。そのくらいはどんな雑誌だって今どき謳いそうなものだが，*GOR* の迅速性と透明性は確かに並ではない。*GOR* の出版モデルの説明によれば，論文投稿から最初の公開までにかかる期間は平均7日である。ただし，この時点では査読は終わっていない……どころか始まってもいない可能性が高い。投稿論文はまず公開された後に，査読者が選ばれ，査読プロセスに入るのである。もちろん公開されているので，査読が終わる前から引用したって構わないし，査読者（プラットフォーム側で選出）以外の者もコメントをつけられる。査読者の審査結果やコメントはすべて公開され，著者はそれを受けて論文を修正する（無視もできる）。修正されれば（最初の査読結果にもよるが）再度の査読が開始され，以下査読が終わるまで続けられる。査読が完了し論文の修正が終わった段階で，PubMed 等にその論文は索引付けされるようになる。一読者であっても途中経過が全部わかる上に，査読者の氏名も公開されるので，査読プロセスについてはこれ以上ないくらい透明であると言って良いだろう。

　「これは確かに衝撃的だ！」と思われるかも知れないが，あいや待たれよ。このモデル自体は，なんのことはない，ゲイツ財団と組んで *GOR* を運営しているF1000のジャーナル，F1000Research そのままである。というか *GOR* の出版モデルの説明自体，完全に F1000Research のページそのままで，最初のキャッチフレーズからしてそうだ。

　では研究助成機関が助成論文を受け付ける雑誌を始めたことが画期的なのか……といえば，これも前例がある。英 Wellcome Trust など三つの研究助成団体が（当初は）APC を取らない OA 雑誌 *eLife* を創刊したのは2012年であった。*eLife* は後に決して安くない APC を設定するようになってしまったが，Wellcome Trust は2016年に自身の助成を受けた論文等の公開プラットフォーム「Wellcome Open Research」（以下，WOR）を開始している。そのパートナー

は F1000 であり，WOR の見た目も完全に F1000Research で……要は *GOR* は
WOR の，スポンサーがゲイツ財団に変わっただけなのである。

そんなわけで，あえて断言するが，*GOR* 自体にはそこまでの衝撃はない。
ただし，ゲイツ財団の OA 方針と噛み合うと，なかなかの衝撃と言えるかも
知れない。というのは，2017年に正式発効したゲイツ財団の助成研究に対する
OA 方針は，「エンバーゴなし（出版後即 OA）」「CC BY ライセンス以外認めな
い」と言う，当時の大規模助成機関の OA 方針としてはなかなかの過激派で，
しかもその方針を掲げて *Nature* や *Science*，*New England Journal of Medi-
cine*（*NEJM*）や米科学アカデミー紀要（*PNAS*）編集部などのトップジャーナ
ルとやりあった。結局，*Science* は最終的に突っぱねたようだが，*NEJM* と
PNAS は折れ，*Nature* も明確なポリシーは定めていないものの特例的にゲイ
ツ財団の助成研究は公開に応じているという[80]。そんな強気の財団なので，
GOR という自前の OA プラットフォームを持つことも，「お前たち（商業出版
社）がこっちの方針に従わないなら無視して自力でやるぞ」という宣言のよう
にも見えるわけである。

2.1.4.3 *Gates Open Research* の「いま」

ただ，実際のところ，2018年11月時点において，ゲイツ財団助成研究の
GOR 利用率は決して高くはない。2-2図・2-1表はゲイツ財団の助成を受
けた研究成果（論文）数，そのうち OA 雑誌掲載数，そして *GOR* 掲載数の状
況を見たものである（*GOR* 掲載数は2017年以降のみ）。論文数等のデータは Sco-
pus より2018年11月8日に取得したものだが，現在 Scopus に *GOR* は採録さ
れていないので，各数字にはその論文を追加してある。Scopus に採録された
ゲイツ財団の助成研究論文数は年々増加傾向にあり，2018年は11月時点で既に
約1,900本に至っている。そのうち OA 雑誌に掲載される論文の割合は，2015
年以降，だいたい60〜70％で推移している。

ゲイツ財団の OA 方針の正式発効は2017年だが，2015年から施行期間（エン
バーゴを認める OA 方針）が開始されており，それまで4割程度だった OA 率が
一気に跳ね上がっている。その後は特に伸びていないが，Scopus における
「OA」とはいわゆる完全 OA 雑誌のみを指すので，ハイブリッド OA 等を加

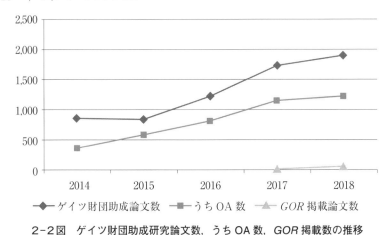

2-2図　ゲイツ財団助成研究論文数，うち OA 数，GOR 掲載数の推移

2-1表　ゲイツ財団助成研究論文数，うち OA 数（割合），
GOR 掲載数（割合）の推移

	2014	2015	2016	2017	2018
ゲイツ財団助成論文数	853	835	1,221	1,737	1,907
うち OA 数	364	589	806	1,157	1,228
OA 割合（%）	42.7	70.5	66.0	66.6	64.4
GOR 掲載論文数	–	–	–	9	56
GOR 掲載割合（%）	–	–	–	0.5	2.9

えれば OA 率はさらに上がるものと思われる。いやあ，助成機関の OA 方針
の威力って凄いですね。
　さて肝心要の GOR 掲載論文数はと言えば，2017年は 9 本，2018年は11月 8
日時点で56本，計65本であった。2018年にゲイツ財団の助成を受けた研究のう
ち，GOR に掲載されているのは約 3 ％，ということになる。実際にはその他
の Scopus 未採録誌に掲載されている論文もあるだろうから，真の割合はさら
に小さくなると想定される。少なくとも「いま」において，GOR はそれほど
の影響力を持っているとは言えないだろう。

2.1.4.4 すぐにゲームチェンジはしないだろう

GOR（あるいは *F1000Research* や WOR）のモデル自体が面白いのは確かであるし，実際，今回いろいろ論文を見ていると投稿してみたいような気もしてくる。ただ，現段階では Scopus や Web of Science に収録されておらず，定評のある雑誌とは言い難い，というのは，自分の評価が気になる研究者としてやはりネックである。ゲイツ財団の顔色だけうかがえばいいのなら，それは *GOR* に掲載された論文を低く評価するわけにはいかないだろうが，私たち研究者は助成機関の顔だけを見て投稿先を決めるわけではない。というかむしろ，投稿段階ではあまり助成機関の顔色は気にしない。OA 方針等は遵守しないと次からお金をもらえないかも知れないので守るだろうが，最低限方針を遵守しつつも，他の研究者や所属機関からの評価につながるような場所で発表したい，というのが人情である。ただ，非常に迅速に出版してもらえる点は魅力であり，あとは主要データベースに採録されるとかなり化けるかなあ……というところであろうか（そこは *PLOS ONE* が伸びたタイミングに通じるものがある）。そこがゲームチェンジのタイミング，ということになるのかも知れないが，しかし，そうすると Clarivate Analytics や Elsevier に認められたタイミング，ということであり，結局，出版者や既存ベンダの影響力から逃れられていないような……。

ただまあ，*GOR* のようなサービスはそれ自体が重要なのではなく，途中でも書いたが「何なら全部自力でやってもいいんだぞ」とちらつかせる武器として使うことにこそ意義があるのかも知れない。ゲイツ財団助成研究の OA 自体は進んでいるわけであるし，日経新聞記事でも言及されている「cOAlition S」と「Plan S」のように，ゲイツ財団同様の即時完全 OA を目指す方針も広がりつつある。*GOR* のようなプラットフォームは，強い OA 方針とあわさってこそ，その威力を発揮するのかも知れない。

2.1.4.5 その後の「Open Research」モデル

その後，F1000は大手学術出版社，Taylor & Francis に2020年に買収された。F1000の創業者は BMC を立ち上げ，後に Springer に売却した起業家，Vitek Trackz であることを考えれば，ある程度モデルが確立した時点での売却は特に驚くべきことではないかもしれない。

Open Research モデルのその後の展開としては，F1000，*Gates Open Research* の他，2018年12月には学術出版 Emerald が Open Research モデルを採用した「Emerald Open Research」を立ち上げている。また，*GOR* 等のように独自の名前を関したタイトルのほかに，提携した機関が F1000内に独自の「ゲートウェイ」を立ち上げるモデルも推進されており，2020年には筑波大学が日本の研究機関として初めて，University of Tsukuba Gateway を立ち上げることが発表された。英語論文だけではなく，日本語論文も対象とするということで，この手の取り組みでは蚊帳の外になりがちな日本の人文社会系の研究者にとっても興味深い試みで，さらに2023年には筑波大学以外の機関からの参加も募る，Japan Institutional Gateway への拡大も発表された[81]。2022年1月時点では，掲載論文は査読中も含めて16本で，その中には実際に本文が日本語のものも少なくない。新創刊雑誌の一種としてみれば，悪くない掲載論文数にも見えるが，これから同種の試みが国内で広がるかどうかは，筑波大学自身がこの Gateway に掲載された論文を……特に業績評価において，どのように扱うのかにかかっているように考えられる。

2.2 APC

2.2.1 値上がりする APC

2.2.1.1 APC を支払ってオープンアクセスになる論文が増えている

オープンアクセスメガジャーナルに掲載される論文はかつて期待されたほど増えてはいないが……，しかし OA 論文自体の数は増えている。どういう形で増えているかと言えば，一つは米国立衛生研究所（NIH）の PMC（PubMed-Central）や，arXiv のような分野単位のリポジトリに収録される論文が増えており，もう一つには（メガジャーナル以外の）OA 雑誌や，購読型雑誌の中で追加料金を払った論文のみ OA にする，いわゆるハイブリッド OA 論文の数が伸びているようである。特に OA 雑誌については，ヨーロッパを中心に論文発表にかかる費用（いわゆる論文処理加工料，APC）を助成する研究機関が増えたこともあってか，全論文を OA とする雑誌はもちろん，一時は研究者の間

でも全然流行っていないとされていた，ハイブリッド OA 論文も増えている
ようである。

　OA 論文が増えることは，OA の理念に賛同する者としてもちろん喜ばしい
一方で，APC で費用を賄うモデルの OA 雑誌については，ある懸念もないで
はない。今後，APC の負担は増していく一方なのではないか？それも，OA
論文が増えることによって負担が増える以外に，APC の値上がりが起こった
りはしないか？

2.2.1.2　APC は値下がりするか？　値上がりするか？

　APC 型の OA 雑誌については，従来の購読型雑誌では起こらなかった，価
格競争を学術出版の世界に引き起こすのではないか，と期待する向きもあった。
そもそもなぜ学術雑誌の価格は高騰したのか。論文数が増大しているという根
本原因はさておき，ごく端的に言えば，学術雑誌の購読者は値上げをしても買
うので，価格競争が起こらないからである。読者にとっての論文は代替が効か
ないものであり（ある論文が高いからと言って，別の論文で済ますことはできない），
しかも費用を負担するのは，読者本人ではなく，所属機関（図書館）である（個
人購読は少ないし，個人購読価格は一般に安い）。読者にとっては自分の懐が痛む
気がしないので（もちろん，実際には給料と財源は同一なわけだが），値上がりにあ
まり頓着しない。図書館は，利用者の要望をできるだけ叶えたいので，高くて
も無理をする。よって，高くても買うので，値上がりしてきたのである。

　しかし OA 雑誌は，APC を支払う著者が，発表誌を選ぶことができる。発
表先としての雑誌には代替が存在する（似た分野／似た読者層／似たインパクト）
ので，APC が高ければ避けられるのではないか。逆に同じような雑誌なら，
APC が安い方を著者は選ぶのではないか。つまり，論文発表サービスとして
の OA 雑誌は代替可能な商品なのであって，そうであれば価格競争が起こる
のではないか，ということが期待される。

　ただし，OA 雑誌で価格競争が起こるには二つの前提が存在する。第一に，
著者が APC にある程度，敏感であること。第二に，価格競争を起こす必要が
あるほどに，サービスの供給量が需要を超えていること。これらが満たされて
いない，つまり著者が APC が高くても全然気にせず論文を投稿するとか，論

文を OA 雑誌に掲載したい著者の数が現状の OA 雑誌で処理できる数を上回っている場合には，APC を下げて著者を呼び込むインセンティブは発生しない。むしろ，APC を値上げしても投稿が減らないと予想される場合には，値上げをするという選択もありうる。

　そして実際のところはどうかと言えば，どうも現実には APC は値上がりしているようなのである。

2.2.1.3　Open APC データの分析：APC は値上がりしている

　例えば Heather Morrison はいくつかの OA 雑誌の料金表をチェックし，APC の変動状況を報告している[82,83]。いずれの出版者も値上がりしている雑誌もあれば値下がりしている雑誌もあるが，スイスの OA 出版者 Frontiers 等は，2017〜2018年にかけて APC を値上げした雑誌がかなり多かったという。

　これは料金表上のデータだが，実際に研究者が支払っている APC はどうなのか（高いところを避けたりはしているのか）。これについてはドイツの Open APC プロジェクトのデータが非常に参考になる。Open APC はドイツのビーレフェルト大学やマックス・プランク研究所図書館等が設立した APC の透明性に関するインフラ構築プロジェクト，INTACT の一環として行われている活動で，プロジェクトに参加している各機関が，実際に支払った APC のデータを登録・公開している，というものである。データは GitHub で公開されており[84]，最新データを誰でも使うことができる。このデータの凄いところは，集計し終えた金額が登録されているのではなく，どの論文がどれだけの APC だったのか，という個別のデータを公開している点にある。その数，50,000件超（2018年5月当時）。DOI までついているので再分析も，し放題である。

　そんなもの公開されていたら分析しないわけにはいかないだろう，ということで，2018年5月7日時点（連載執筆時点の最終更新日）のデータに基づき，一定の論文数のデータが登録されている2011年から2017年までの平均 APC 額の推移をまとめてみた（2-3図）。ちなみに平均値の他に中央値も見てみたが，ほとんど平均値と大差ない額であったので，グラフ中では省略している。なお，2017年のデータはまだ登録していない機関が多いこともあり，あまり参考にはならない。また，ハイブリッド OA と純粋 OA は分けて集計しているが，ハ

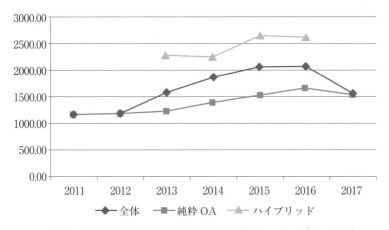

2-3図　APC 支払平均額の推移（全体・純粋 OA・ハイブリッド別）

イブリッド OA 論文はデータ数が十分にある2013〜2016年分のみをグラフに
示している。

　一瞥してわかるとおり，APC 金額は一貫して増加傾向にある。特に純粋
OA 雑誌の APC 平均については，2013年以降，前年比5〜12％の幅での増額
が続いている。学術雑誌価格の高騰と同じような値上がり幅の年も少なくない。
純粋に APC で運営されている雑誌について，もう少し突っ込んで論文数の多
い出版者別の傾向を見てみると，これもほぼ全出版者，値上がり傾向である
（2-4図）。Springer Nature については，まあそれはそうだろうという気もす
るが，Frontiers や Copernicus（ドイツの OA 出版者）等，欧州に拠点を置く
OA 専門出版者の雑誌も，基本的に値上がりしている。どこか特定の出版者・
雑誌が悪さをしているというわけではなく，少なくとも Open APC のデータ
に基づく限りは，研究機関が実際に支払っている APC は一般に値上がり傾向
にある，と言えるだろう。

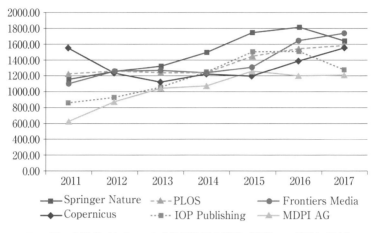

2-4図　出版者ごとの APC 支払平均額の推移（純粋 OA 雑誌に限定）

2.2.1.4　これぞオープンサイエンス！

　Open APC のデータに基づく限り，APC は期待したような価格競争を起こしてはおらず，むしろ一般に値上がり傾向にある。それも，如何にも競争力がありそうな Springer Nature 等だけが値上げをしているというのではなく，ヨーロッパに拠点を置く OA 専門出版者の雑誌でも値上がりしている。もちろん彼らの企業努力による投稿数の増加等も背景にはあるのだろうが，どうにも危惧していた価格競争が起こらないシナリオが現実になっているようである。一つには APC 助成によって研究者が価格に鈍感になっているだろうことと，あとはまだサービス需要に対して供給が追いついていないのだろうと推測される。しかしこのペースで値上がりしていると，需要に供給が追いついて競争が起こり始める頃の APC はどうなってしまうのか。APC 額の変動については今後も注視する必要がありそうだ。

　そうした注視をする上でも，有り難いのは Open APC のようなエビデンスとなるデータの公開である。いや本当，オープンサイエンスってこういうことですよね！（おあとがよろしいようで）

2.2.1.5　その後の APC の値上がり状況

　書籍化にあたって，その後の平均 APC の推移を同じく Open APC で確認してみたところ，データが一部更新されたこともあって，2017年についても APC の値上がりは継続していることが確認された。しかし純粋 OA 雑誌は同時点で，ハイブリッド OA 雑誌も2018年時点で平均単価の値上がりはストップし，以降は上下動を繰り返している。そこまでは安心材料……なのだが，出版社別の状況を見ると，Springer Nature，Frontiers，MDPI といった OA 雑誌大手各社の APC 単価は引き続き値上がりしている傾向が確認される。APC の低い新規雑誌等も参入している一方，既存雑誌・出版社の APC はやはり全体として値上がり傾向のようで，予断を許さない状況は続いているようだ。

2.2.2　妥当な APC を求めて

2.2.2.1　APC の金額に根拠や透明性が求められるようになっているが……

　「2021年までに，公的助成を受けた研究の成果はすべて，Plan S の要求に準拠した OA 雑誌または何らかの OA プラットフォームで公開されること」を要求する Plan S は大いに話題になっている。当初は APC について上限設定を設け，高すぎる雑誌は APC 補助の対象外にする……と気炎を上げていたのだが，その後，関係者のフィードバックを受けて現在では「OA 出版にかかる料金はサービスに見合った金額でなくてはならず，価格の根拠は市場・助成機関にとって透明性のあるものでなければならない。その情報に基づいて，OA 料金の標準化・上限が設けられる可能性がある」とだいぶ落ち着いた文面になっている。とはいえ，APC の金額設定……いったいどれくらいの額が妥当なのか……というのは，引き続き注目が集まっているテーマである。

2.2.2.2　トップジャーナルを OA 化すると APC はどうなる？

　現在，既に APC で運用されている OA 雑誌については，価格の議論はしやすい。採算が取れていればまあ妥当であり，採算が取れていなければ（かつ多くの人が認める，良質の論文を刊行できているのであれば。そもそもクオリティが低いならば APC 以外の要因が大きいと考えられる）妥当とは言えない（低すぎる）ので

あろう。逆に大きすぎる黒字が出ている場合には、「高く設定しすぎなんじゃ
ないの？」という話になる。もちろん、出版者全体で利益を出す雑誌と採算度
外視で質を上げる雑誌を分ける、という戦略もあり得るので一概には言えない
が、単純に考えれば議論のベースは採算である。

　現在 OA ではない雑誌についても、かかっているコストを出版論文数（APC
が徴収できる原著論文等。依頼原稿やニュースは除く）で除せば、「現状を維持する
のに必要な APC」は割と単純に算出できる。ただ、この金額は、特にトップ
ジャーナルについては高くなりがちである。かつて *Nature* 本誌を APC で運
用するには「1～3万ポンド」（約1万3,000～3万9,000ドル）という無茶かつ大
雑把すぎる見積もりが出されたこともある[85]。最近の例として、*米国科学アカ
デミー紀要*（*PNAS*）からは、*PNAS* を完全 OA 化するとなると APC は6,000
ドル前後に設定することになりそう、という外部機関の調査結果が報告されて
いる[86]。元々、*PNAS* は非 OA 論文でも掲載料を徴収しており、追加料金を支
払うことで OA にできるオプションもあるが、その合計額よりもさらに高い
設定である。APC の高さで悪名高い *Nature Communications* でも5,200ドル
（ちなみに2020年からは5,380ドル……うわ、しれっと値上げしてる）なので、多くの
人にとってかなり高く感じる設定であろう。

　最近、それよりさらに高い価格を打ち出してきたのが、欧州分子生物学機構
（EMBO）である[87]。EMBO は2019年10月、EMBO が単独で刊行する四つの雑
誌（2誌は現在既に完全 OA、2誌はハイブリッドオプションあり）について、もし
APC のみで運用しようとすれば、APC は9,040ユーロ（約1万ドル）になると
する見積もりを発表した。EMBO 各誌は採択率をかなり絞っている（9～13%）
ために、かかるコストに対し APC を取れる論文が限られていることが大きな
要因であるが、それにしてもなかなかのものである。EMBO の報告ではコス
トの内訳の詳細や、論文あたりにかかる処理時間、EMBO のスタッフ数に
Wiley への委託費まで詳細に示されている。透明性については申し分がなさそ
うである。EMBO は非営利組織であり、Wiley への一部業務委託費中に含ま
れる Wiley の利益以外、特に利益は含まれていないはずである。となると、
仮に EMBO が完全 OA に移行するとして、APC を実際にこの金額に設定さ
れても、cOAlition S としては文句のつけようがないのではないだろうか。そ

う考えると，APC の上限設定というのは実に難しい。

2.2.2.3 歯止めがなければ APC は値上がりし続ける？

　それでも，何らかの歯止めがなければ，APC の値上がりは続くだろう。前節でも APC の値上がり傾向について紹介したが，その後，モントリオール大学の Khoo による，より詳細に各社の APC や投稿数との関係を調査した論文が発表されている[88]。同論文によれば，APC の平均額は2005年の858ユーロから2018年には1,600ユーロと急上昇しており，増額幅は米国や欧州の物価指数の伸びから想定される金額の約3倍にもなるという。

　Khoo はさらに二つの分析を行っている。一つは APC なしの OA から APC ありに（*eLife* など），あるいは購読モデルから APC 式 OA 誌に転換した雑誌の，掲載論文数に関するケーススタディである。この分析ではいずれの場合でも，APC 導入が掲載論文数を減らす効果は見られなかったという。

　もう一つの分析は，APC 式 OA を手掛ける大手4出版者（BMC，Frontiers，MDPI，Hindawi）が刊行する319の雑誌について，2012年から2018年にかけての，APC の金額と掲載論文数の関係を見るものである。分析の結果，まず APC 金額について，MDPI は2018年には2012年の2倍以上になっており，Hindawi（34%）と Frontiers（40%）もかなり増額していた（BMC のみ，17%とさほど増額していない）。それにも関わらず，掲載論文数は増える一方で，特に MDPI と Frontiers の掲載論文数が3〜4倍にも増えていた。その結果，APC と掲載論文数の関係を見た回帰分析では，なんと APC の増額は掲載論文数の増加に寄与する，という予測モデルができてしまう始末であった。

　かつて APC 型 OA に寄せられていた，APC の価格競争が起こるのでは……という期待はどうも実現していないというのは，前節でも指摘したことであるが，Khoo の論文はそれをはっきりと裏付けたものと言える。著者は APC の価格に鈍感であり，値上げは掲載論文数（その母体となる投稿数）に影響しない。となれば，人気のある雑誌の APC を値上げするのは営利出版者にとっては自然な判断であるし，非営利であっても，掲載数に対し投稿数が増え過ぎれば値上げせざるを得ないだろう。何らかの基準ないし上限がなければ，市場に任せる限り APC 増額に歯止めがかかることは当面，なさそうである。Khoo

は Plan S が発効すれば，さらに APC の増額を招く可能性にも言及し，発効後にはさらなる分析が必要と指摘している。

2.2.2.4　そのうち個別の APC 金額に意味はなくなる？

　ここまで個別 APC の妥当性の議論を見てきたが，そもそも Read and Publish 契約から発展し，完全 OA 化した各出版者の雑誌群に対し，所属機関が一括で OA 契約を結ぶようになれば，個別雑誌の APC 設定自体が意味をなさなくなることは大いに考えられる（もっとも，その場合は一括 OA 契約金額全体の妥当性，というより困難な問題が現れるわけだが……過去の掲載実績から APC を積み上げる？　既存の購読契約金額をベースにする？）。その点はビッグディール契約下で個別タイトルの価格が意味を失っていることと同様である。極論，世界中のすべての機関が，機関単位での OA 契約に切り替えるなら，機関ごとの負担バランスは変わるにしても，総体は現在購読料にかかっているのと同額で完全 OA 化は実現できるはずである。EMBO や PNAS，あるいは他のトップジャーナルに多くの論文を出している機関にとっては信じがたい金額になるかもしれないが，言ってしまえばそれは Plan S においては織り込み済みであろう。助成機関の支援も受けながら，なんとかやっていくしかない。

　しかし Plan S に賛同する機関も限られる現状において，もし Plan S に対応するために各出版者が完全 OA に舵を切るなんてことが本当に実現したら，そしてその時にまだ機関単位での OA 契約が所属機関で実現していなかったら（例えば今の日本のように），その信じがたい金額は著者にふりかかることになる。その場合でも，著者はおそらく APC を支払って論文を投稿するだろう……ということは Khoo の発見から予測できるが，持てるものはガンガン投稿する一方，持たざるものはトップジャーナルに投稿すらできない，という状況はやはり健全とは思えない。

　だから Plan S を止めようという話ではもちろんなく，本気でやるんだったら機関単位の OA 契約をセットで進めないとおかしなことになる，ということである。ただし，それをすすめると著者は APC 額に更に鈍感になることも予想され，APC の値上がりへの歯止めはますます効きづらくなるだろう。やはり APC 上限を設定するとか，価格上昇を抑制する施策を助成機関サイドか

らも盛り込んでいくしかないのではないだろうか……例えその上限が，1本あたり9,040ユーロ，あるいはそれ以上であったとしても。

2.2.2.5　その後のAPC動向

　2022年1月現在，Embo各誌のAPCは4,700〜4,800ユーロで，9,000ユーロ以上への値上げは行われていない。しかし実際に9,000ユーロ前後をつける雑誌も出始めた。Plan Sの施行が迫ったこともあり，転換雑誌としてのAPCを公表した*Nature*や*Cell*といったビッグタイトルである。例えば*Nature*本誌のAPCは1本9,500ユーロ。かつての大雑把な見積もりの下限のあたり，と考えればまだマシな価格なのかもしれないが，それでも目を見張る金額ではある。*Cell*は8,500ユーロで，*Nature*より低いとはいえなかなかのものである。Cell Pressのページではその他の（完全OAではない）雑誌のAPCも並べて見られるが，いずれも7,000ユーロ以上と強気の設定である。トップジャーナルのAPCはこれくらいをつけていいんだ，というのはほぼコンセンサスになってしまったようだ。

2.3　ハゲタカ

2.3.1　日本の医学博士論文に潜む7.5%のハゲタカOA

2.3.1.1　ハゲタカOAについて調べてみたいが……

　APCを徴収する，OA査読誌を装いつつ，実態はろくな査読をせずにAPC収入だけを目的とする，Predatory OA，いわゆるハゲタカOAについては，現代のOAにおいて避けては通れない問題である。オーストリア科学委員会は「ハゲタカなんて大した問題じゃないよ，オーストリアの研究者で影響受けてるのは1%もいないよ」と声明を出しているが[89]，一方で2014年の時点でハゲタカOA掲載論文は40万本以上，APC総額は7,400万ドル程度と見積もる試算も出されている[90]。このハゲタカOA問題の根っこは研究者とその生産論文の増大にあり，対処法も考えられていないではないが[91]，今のところ大きな効果も上がっていないようである。

　これまでハゲタカ OA について日本で話題になることは少なかったが，2018年4月には毎日新聞の科学記事でも「インターネット専用の粗悪な学術誌」としてハゲタカ OA の問題が取り上げられた[92]。実際にハゲタカ OA 出版者の住所を訪ねた体当たり取材なのだが，その場所が関東の田んぼに囲まれた建物だったという。そこに南アジア系の男性が実際にいて，OA 国際誌を刊行していると主張していた……というのだが，その OA 誌の「編集委員」に名を挙げられている日本の研究者たちに取材したところ，誰も身に覚えがなかったという。

　日本とハゲタカ OA の関わりについて考える上で，もう一つ気になるのは，当然，日本の研究者の投稿・掲載がどれくらいあるのか，である。噂レベルで，投稿してしまった人の話を聞くことはないではない。ただ，なにぶんセンシティブな問題なので，なかなか表には出しにくい。量的調査をすればいいのだが，日々現れては消えるハゲタカ OA 誌を片っ端からチェックし，日本人らしき名前を特定するのはなかなかに困難である。以前少しやってみたことはあるのだが，作業の不毛さにすぐにやめた。

　そこで発想を変えてみた。研究者だって本当なら名の知れた雑誌に論文を出したいはずである。それにも関わらずハゲタカ OA（とまでは知らなくとも，少なくとも定評のない雑誌）に論文を出すというのは，何らかの事情で至急，論文業績を増やす必要がある等，必要に迫られたときである。そのような場合のいちばんよくあるケースといえば，博士論文の提出前であろう。多くの大学では博士号授与の要件として，当該研究に関する論文が査読誌に1ないし数本，掲載されていることを指定している。一刻も早く博士号はとりたいが，なかなか論文が査読を通らない，というときに，人はふらっと，ハゲタカ OA に惹きつけられてしまうのではないか？　そんな仮説の下，我ながらかなり性格が悪いことを承知の上で，「博士号の授与要件に使われた＝博論の元になった論文に，ハゲタカ OA がどれくらい上がっているか」を調べてみた，というのが今回のお話である。

2.3.1.2　日本の博論ハゲタカ調査：手法編
　日本の博士論文すべてを対象にすることは不可能なので，まずはハゲタカ

OAが活動的な分野の一つ，医学分野を対象に調査を行うこととした。CiNii Dissertations で授与学位名に「医学」を含む博士論文のうち，2017年に授与されたもので，かつ本文が機関リポジトリで公開されているもの（公開されていないと確認しようがないので）を抽出したところ，1,381本がヒットした（検索は2018年5月24日に実施）。それでもすべてをチェックするのは辛いので，無作為に抽出した200本の博士論文を対象とし，実際に本文をダウンロードした上で，その博士論文の元となった業績が明記されているかどうかを確認した。雑誌名等が明記されていた場合には，その雑誌名や，出版者名がハゲタカOA批判の第一人者であるBeallのハゲタカOAリスト（それ自体は公開停止されているが，有志が公開を継続・更新しているもの[93, 94]）に掲載されているかをチェックする……という作業を学生アルバイトに依頼した。作業結果は著者自身でも確認し，誤判定は修正している。Beallのリストを使うことの妥当性には検討の余地があるが（だからこそ公開が停止されてしまったわけでもある），そこは単純に「掲載されているから黒だ！」というのではなく，掲載誌の情報等を独自に確認もした。

2.3.1.3　日本の博論ハゲタカ調査：結果編

　調査対象とした200論文中，そもそも全文があるものに限定したはずなのに，全文へのリンクがない，あるいはダウンロードに時間がかかりすぎて読めないものが48本存在し，問題なく全文がダウンロードできたものは152本（76%）であった。アルバイトを依頼した学生（学部1年生）のスキルやネット環境には大きな問題がないことを確認しているので，これはこれで日本の博論公開や機関リポジトリの問題として検討したいところだが，今回はとりあえず別の話である。全文を入手できた152本の中では，元となった査読誌掲載論文の情報が本文のどこかに書かれているものは106本（全文入手済みの約70%）であった。

　その106本中，Beallのリストに掲載されている，ハゲタカOAと疑わしい出版者の雑誌に掲載されていたものは……8本（106本中の約7.5%）。この数字をどう判断するかは難しいが，個人的には「あちゃー，けっこう出てきたなあ……」というところである。「調べてみたけど0本でした！　やったね！」という結果でも別に良かったのだが……。8本の内訳を見ていくと，そのうち4

本と半数は *Oncotarget* に掲載された論文を下敷きにしたものであった。同誌は確かに Beall のリストに掲載されている一方で，Journal Citation Reports（JCR）に収録され，2017年には被引用数が大きく伸びている雑誌（"Rising Star"）のリストにも掲載されるなど[95]，一定以上の評判も得ていた。もっとも，その直後に JCR からは「採択基準を満たさなくなった」として除外されることになり，2017年には MEDLINE からも収録対象外とされるなど，現状ではやはり問題のある雑誌とみなされていると言ってしまってよいものと考えられる。ただ，少なくとも2017年に学位授与された博士論文の著者たちが，「ハゲタカ」とわかって投稿していたとは断言できないだろう。

　他の４本についても，Beall のリスト掲載の出版者の刊行誌掲載論文が元であり，かつどの出版者も著者が確認する限りでも確かに疑わしい点があった。中には米連邦取引委員会から問題のある出版者，つまりハゲタカとしてまさに提訴されているところもあり，これは確実に黒であろう。一方で，ALPSP（Association of Learned and Professional Society Publishers）や OASPA（Open Access Scholarly Publishers Association）など，著名な出版団体のメンバーとなっている出版者なども含まれており，これらを「ハゲタカ」と断じていいかは判断する本人の評価次第である。*Oncotarget* も含めて，ハゲタカかどうかは傍目にはなかなかわからない（それこそ Clarivate Analytics ですら判断を見直すほどに！）。だからこそ査読の認証の必要性等，客観的に外部からきちんとした査読の有無を判断できる方法が必要視されているわけである。

2.3.1.4　もはやハゲタカはゴシップネタではない？

　本調査はごく限られたサンプルを対象とするものであるが，少なくとも日本の研究者たちが「ハゲタカ OA」と無縁ではない，ということは立証された。7.5％とはいえ，「ハゲタカ」と目される雑誌の論文を元に，学位が授与されている例が存在する。それが悪意（＝ハゲタカという認識）あってのことか，悪意なく引っかかった被害者なのかはわからないし，論文自体が一般的な査読に耐えうるものだったのかもわからない。その「わからなさ」こそがハゲタカの大きな問題であり，いよいよゴシップ的に面白がっているわけにはいかなくなってきたようである。

2.3.1.5　その後のハゲタカ OA の状況

　次項でも扱ったとおり，『情報の科学と技術』の連載当時，当節の内容は新聞報道等もされ，大きな話題になった。毎日新聞の継続報道の効果もあってか，文部科学省も各大学のハゲタカ対策の状況を調査するなど，対策の動きにつながっている。国内において問題への注目が高まったことはいいこと……なのだろうが，ハゲタカ問題それ自体については，ハゲタカ側が次々と新たな手……形だけ査読を依頼して査読誌である証拠を作るとか，他誌に掲載された論文を無断転載してさもまっとうな論文であることを装うとか……を考えることもあってなかなか収束する気配はない。

2.3.2　ハゲタカ OA 論文の４割は一度は引用されている

2.3.2.1　さらに盛り上がるハゲタカ OA 問題

　ハゲタカ OA について扱うとき，私たちはつい投稿する側の目線で考えがちである。ハゲタカと知らずに騙されて投稿してしまったのか，あるいはハゲタカと知りつつ何らかの必要に駆られて使ってしまったのか。もちろん，そもそもハゲタカと真っ当な雑誌のグレーゾーンみたいな雑誌で，大丈夫だろうと思って投稿したが……というケースもあるだろう。研究者への注意喚起も，基本的には「間違って投稿しないためには」という言い方になる。

　しかしハゲタカ OA とはいえ，雑誌であるからには投稿論文は（APC を払えば）公開されるわけであり，PubMed や権威あるデータベースには採録されなかったとしても，Google や Google Scholar では検索にひっかかるようになる。そうなれば当然，ハゲタカ OA 論文を読む人間も出てくるわけであり，その中には「この論文を引用しよう」と思う研究者も出てくるはずである。ではいったい，ハゲタカ OA 論文はどれくらい引用されているものなのか？　真っ当な論文に比べて引用されることが少なかったりするのか（当然そうあってほしいわけだが）……というのが，今回のお話。

2.3.2.2　医学分野におけるハゲタカ OA の引用状況

　といっても，今回のトピックはオリジナルではなく，元ネタがある。米国の

Journal of the Medical Library Association（*JMLA*）に2019年1月に掲載された Ross-White らの論文 "Predatory publications in evidence syntheses" である[96]。この論文はまさにハゲタカ OA 雑誌に掲載された論文がどれくらい引用されているか，特に医学分野で重視されるシステマティック・レビューでの引用状況を明らかにすることを目的としたもので，ハゲタカ OA 出版社として知られた OMICS International の発行雑誌を対象に，EndNote でその引用データを取得している。また，Google Scholar で各論文の引用状況を検索し，システマティック・レビュー（明確で回答可能な課題について，あらかじめ定めた基準に則って網羅的に文献を収集・選択・評価する文献レビューの形式）やメタアナリシス（システマティック・レビューの一形態。収集した文献の結果を統合し，統計学的に分析する手法）で引用されているかどうかも検証した，というものである。

　調査の結果，459の調査対象ハゲタカ OA 誌中，そもそも31.6%（145誌）は論文が1本も載っておらず，13.9%（64誌）は1本以上，論文は掲載されているものの，他の文献からの引用は存在しなかった。しかし残る過半数，54.5%（250誌）は，1回以上他文献から引用されている論文が，最低1本は存在したという。さらに，システマティック・レビューの調査からは，1本以上，ハゲタカ OA 誌掲載論文を引用してしまっているレビューが，157本存在したことも明らかになった。そのうちレビュー自体がハゲタカ OA 誌に掲載されていた，というものは16本にとどまり，4本は博士論文や本の一部の章で，残る137本は真っ当と考えられる，著名な出版社の雑誌に掲載された論文であったという。

　ちなみに，459誌のハゲタカ OA 誌中，10誌は一部の権威あるデータベースに採録されていたが，これは買収によって OMICS の雑誌となったものであった。また，システマティック・レビューから引用されている論文が掲載された雑誌のうち39誌は，NIH（米国立衛生研究所）のパブリック・アクセス方針に則って，助成論文が PMC に収録されているものであったという。

2.3.2.3　ハゲタカ OA は真っ当な論文に比べて引用されないと言えるのか？

　「ハゲタカ OA 雑誌のうち過半数は，他の文献から引用されていて，しかも引用元の大半はハゲタカじゃない！」というとなんだか衝撃的な数字のようにも思えるが，Ross-White らの論文で示されているのは「1回以上引用されて

いる論文が，「1本以上掲載されている雑誌」の割合である。1本が1回だけ引用されていてもカウントされているわけで，掲載論文と被引用論文の数がわからなければ，これが大した数字なのかどうかは判断できない。

　しかしそこはさすがOAを扱うものというか，Ross-Whiteらは論文公開と併せて調査に用いたデータもスプレッドシート形式で公開している（事前にシステムに登録が必要＋承認の申請がいるが，割と短期間で承認されてデータを取得することが可能）[97]。こりゃありがたい，ということで実際のデータをダウンロードしてみたところ，論文個々の被引用数までは調べていなかったものの，雑誌ごとの掲載論文数と，1回以上引用されている論文の数はデータに含まれていた。そこから著者が再集計したところ，1回以上引用されている論文の割合は約40％であった（10,571本中，4,191本。何かデータと著者の論文内の数字が噛み合わないところが微妙にあるのだが，のべ数とユニーク数の解釈違いとかがどこかにあるのか……）。

　1回以上引用されている論文が約4割，というのをどうとらえればいいかというと，例えば2011年に出版された医学論文（原著論文）のうち，著者に日本の研究機関を含むものの引用率は9割以上である（Scopusを用いて著者が集計）。2017年に出版されたものでも7割以上で，さすがに真っ当な（であると信じたい）医学論文一般に比べれば，ハゲタカOA雑誌の論文は半分程度しか引用されないらしい。主要なデータベース等でほとんど検索できないのだから当然といえば当然だが，その割には健闘している（とはあまり言いたくないが）数字なのかもしれない。

2.3.2.4　で，何が問題なのか？

　真っ当な論文に比べれば引用されていないとはいえ，それでも掲載論文の4割は引用されている，それも非ハゲタカOA誌から引用されており，時にはシステマティック・レビューにすら引用されている，というのは，やはり衝撃的な数字ではある。しかしなんで衝撃を受けるのか，と考え直してみるとなかなか難しい。実質査読がないものを引用してしまっていることが問題なのか，といえば，無査読の紀要やほぼ無査読の口頭発表原稿を引用に含めること自体は，そう珍しいことではない（医学分野に限定するとまた事情は違うかもしれないが）。著者が中身を検討した上で，引用に問題がないと判断したならば，ハゲ

タカ OA の引用だって紀要の引用と変わらないといえば変わらない。さすが
に同質の（それもランダム化比較試験など，質が高いと考えられる）研究を揃えて比
較すべきシステマティック・レビューに無査読のものが入るのはどうなのか，
という気もするが，そこでいう「質」とはあくまで研究自体の質であるとする
ならば，掲載誌の査読の有無やその厳しさは問われないのではないか。むしろ
真摯にレビューしていった結果，著者たちがハゲタカ OA に載っていてもこ
れは見ねば，と思ったのかもしれない。

　ただ，自身の経験に照らしてみると，そこまで研究者を信じていいものかは
難しい。あってはならないこととはいえ，抄録だけを読んで関連しそうだしぱ
っと引用するとか，最悪の場合，読まずに引用したなんてこともありうるわけ
だし，読んでいても内容の真贋を見分けようなんて本腰を入れて読んだわけで
はないかもしれない。システマティック・レビューなら，PMC で出てきたも
のは全部見るか，という機械的な対応をとることだってありうる。Ross-
White らもそちらの立場をとっているのか，論文はシステマティック・レビュ
ーの著者に対し警鐘を鳴らしている。

　一方，やはり引用元の著者たちはちゃんと読んで中身を評価し，引用したの
だとすれば，他者から引用される程度には真っ当な研究が，ハゲタカ OA の
雑誌に少なからず載ってしまっている，とも考えられる。それらの大半は主要
データベースには採録されず，検索もされないわけで，人類に大きく貢献する
ような知見が，ハゲタカに載ったことで埋もれてしまうのではないかというこ
とも懸念される。「少なからぬ研究者はハゲタカをハゲタカと知って悪用して
いる」というのが著者の立場だが，悪用するといったって全研究者が捏造論文
をハゲタカに投稿するわけでもあるまい。それなりの研究成果だが真っ当な雑
誌に通すにはインパクトが足りないとか，時間がない，査読対応が面倒，とい
うときにハゲタカを使ってしまっているケースも相当数あるはずで，それらが
ハゲタカ OA 誌掲載論文としてまとめてゴミのように扱われるのは，かかっ
た研究時間のことを考えてももったいないことである。ともあれ，やはりハゲ
タカは滅ぶべきである。

2.3.2.5 混迷が増すハゲタカ問題

　残念ながらハゲタカは滅びていない。ハゲタカの存在が知られ，警戒される
ようになったことを受けてか，なりふり構わない例も出てきている。極端な例
としては既に他の雑誌で出版・公開されている論文を，無断で転載・盗用する
ハゲタカの存在が報じられた。きちんとした論文が掲載されていることで信用
を獲得し，論文を集めようという腹なのだろうが，ここまでくると全くグレー
ではない。外から見るとやっているかいないかわからない査読の実態と異なり，
無断転載は一目でわかる著作権侵害である。そうまでして投稿を集めようとす
るほど焦っている……ということなのかもしれないが，これをやられると完全
にまっとうな論文について，著者に一切の非がないのに，正当なソースではな
いものが引用されてしまうと言った被害が発生しうるわけで，「引用」という点
ではハゲタカにまっとうな論文が掲載されるのとは次元が違う問題となりうる。

引用・参考文献

1 ：佐藤翔. PLOS ONE のこれまで，いま，この先. 情報管理. 2014, vol.57, no.9,
　　p.607-617.

2 ：ピーター・ビンフィールド. "PLOS ONE と OA メガジャーナルの興隆". 第 5 回
　　SPARC Japan セミナー2011. https://www.nii.ac.jp/sparc/event/2011/pdf/5/
　　doc3_binfield.pdf, （参照日 2022-08-01）.

3 ：PLOS. "2016 Financial Overview". 2017. https://www.plos.org/financial-overview,
　　（accessed 2018-02-14）.

4 ：Lewis, David W. The Inevitability of Open Access. College & Research Libraries.
　　2012, vol.73, no.5, p.493-506.

5 ：Laakso M. et al. The Development of Open Access Journal Publishing from 1993
　　to 2009. PLOS ONE. 2011, vol.6, no.6, e20961. https://doi.org/10.1371/journal.
　　pone.0020961, （accessed 2022-08-01）.

6 ：Davis, P. "Future of the OA Megajournal". The Scholarly Kitchen. 2018-01-10.
　　https://scholarlykitchen.sspnet.org/2018/01/10/future-oa-megajournal/, （ac-
　　cessed 2022-08-01）.

7 ： 'Plan S' and 'cOAlition S': Accelerating the transition to full and immediate Open Ac-
　　cess to scientific publications. https://www.coalition-s.org/, （accessed 2022-08-01）.

8： "cOAlition S: Making Open Access a Reality by 2020". Plan S. 2018-09-04. https://
www.coalition-s.org/coalition-s-launch/, (accessed 2022-08-01).

9： 助成機関として EC は Plan S に署名しているわけではないが，その助成プログラム
Horizon 2020（2014-2020，総額約800億ユーロ）の後継である Horizon Europe
（2021-2027）は，ハイブリッド OA に対する APC 助成を行わないというスタンス
のようである。
Najla Rettberg. The worst of both worlds: Hybrid Open Access. OpenAIRE. 2018-
06-26. https://www.openaire.eu/blogs/the-worst-of-both-worlds-hybrid-open-
access, (accessed 2022-08-01).

10： Enserink, Martin. European science funders ban grantees from publishing in pay-
walled journals. Science. 2018-09-04. https://www.science.org/content/article/
european-science-funders-ban-grantees-publishing-paywalled-journals, (ac-
cessed 2022-08-01).

11： "Funders and Supporters". 'Plan S' and 'cOAlition S'. https://www.coalition-s.
org/funders-and-supporters/, (accessed 2018-12-10).

12： "10 Principles". 'Plan S' and 'cOAlition S'. https://www.coalition-s.org/10-
principles/, (accessed 2018-12-10).

13： 例えば Peter Suber は「But a section elucidating this principle damns green OA
with faint praise, endorsing OA repositories only for preservation, not for OA it-
self」と看破している。
Peter Suber. "Thoughts on Plan S". Google+. 2018-09-04. https://plus.google.
com/+PeterSuber/posts/iGEFpdYY9dr, (accessed 2018-12-10).

14： "Why Plan S". Plan S. https://www.coalition-s.org/why-plan-s/, (accessed 2022-
08-01).

15： STM statement on Plan S: Accelerating the transition to full and immediate Open
Access to scientific publications. International Association of Scientific, Technical
and Medical Publishers. 2018-09-04. https://www.stm-assoc.org/2018_09_04_
STM_Statement_on_PlanS.pdf, (accessed 2022-08-01).

16： Else, Holly. Radical open-access plan could spell end to journal subscriptions. Na-
ture. 2018-09-04. https://www.nature.com/articles/d41586-018-06178-7, (accessed
2022-08-01).

17： Martin Enserink. European science funders ban grantees from publishing in pay-
walled journals. Science. 2018-09-04. https://www.science.org/content/article/
european-science-funders-ban-grantees-publishing-paywalled-journals, (ac-
cessed 2022-08-01).

18： なお，Plan S を批判する Springer Nature も OASPA のメンバーだが，声明を起草
した Board of Directors には含まれていないようだ。

Redhead, Claire. "OASPA Offers Support on the Implementation of Plan S". OAS-PA. 2018-10-02. https://oaspa.org/oaspa-offers-support-on-the-implementation-of-plan-s/, (accessed 2022-08-01).

19：Schneider, Leonid. "Robert-Jan Smits: scholarly societies "will have to bite the bullet and go Open Access"". For Better Science. 2018-10-22. https://forbetterscience.com/2018/10/22/robert-jan-smitsscholarly-societies-will-have-to-bite-the-bullet-and-go open-access/, (accessed 2022-08-01).

20：Clarke, Michael. "Plan S: Impact on Society Publishers". The Scholarly Kitchen. 2018-12-05. https://scholarlykitchen.sspnet.org/2018/12/05/plan-s-impact-on-society-publishers/, (accessed 2022-08-01).

21：ミラージャーナルは，ある購読型ジャーナルに対して，編集委員会，対象分野，査読方針等が全く同じフルOAジャーナルを別タイトルとして刊行するという仕組みである。この「ジャーナル」に受理された論文は，著者がOAを希望する場合には（APCを支払って）ミラージャーナルのほうに，そうでない場合にはオリジナルの購読型ジャーナルのほうに掲載される。例えばElsevierは「Water Research」に対して「Water Research X」というミラージャーナルを刊行している。以下の記事では，ミラージャーナルを使えば，研究者はPlan SによるハイブリッドOA禁止を回避しつつ，伝統ある購読型ジャーナルと同等の評価を受けることができるのではないか（二つのジャーナルのインパクトファクターは異なるものになりそうだが）と述べられている。
Cochran, Angela. "Are Mirror Journals a Better Path to the Open Access Flip?". The Scholarly Kitchen. 2018-10-29. https://scholarlykitchen.sspnet.org/2018/10/29/are-mirror-journals-a-better-path-to-the-open-access-flip/, (accessed 2022-08-01).

22：Universities UKの調査によると，2016年時点でゴールドOA以外のジャーナルの割合は84.9％である（Figure 1.1）。Plan Sの原則に従えば，これらのジャーナルで出版することができなくなる。
Universities UK. Monitoring the transition to open access: December 2017. 2017-12. https://www.universitiesuk.ac.uk/policy-andanalysis/reports/Documents/2017/monitoring-transitionopen-access-2017.pdf, (accessed 2018-12-10).

23："Open Letter". Plan S Open Letter. 2019-05-31. https://sites.google.com/view/plansopenletter/open-letter, (accessed 2022-08-01).

24：Schneider, Leonid. "Response to Plan S from Academic Researchers: Unethical, Too Risky!". For Better Science. 2018-09-11. https://forbetterscience.com/2018/09/11/response-to-plan-s-from-academic-researchers-unethical-too-risky/, (accessed 2022-08-01).

25：Rabesandratana, Tania. Open-access plan draws online protest. Science. 2018-11-08. http://www.sciencemag.org/news/2018/11/open-access-plandraws-online-protest,（accessed 2018-12-10）.

26：Open Letter in Support of Funder Open Publishing Mandates. http://www.michaeleisen.org/petition,（accessed 2019-01-15）.

27：@mbeisen. Twitter. 2018-11-29. https://twitter.com/mbeisen/status/1067918429347176448,（accessed 2022-08-01）.

28："Systemic reforms and further consultation needed to make Plan S a success". ALLEA. 2018-12-12. https://www.allea.org/systemic-reforms-and-further-consultation-needed-to-make-plan-s-a-success/,（accessed 2022-08-01）.

29：Harnad, Steven. "Open Access: "Plan S" Needs to Drop "Option B"". Open Access Archivangelism. 2018-09-14. http://openaccess.eprints.org/index.php?/archives/1205-Open-Access-Plan-S-Needs-to-Drop-Option-B.html,（accessed 2018-12-10）.

30："COAR's response to Plan S". COAR. 2018-09-12. https://www.coar-repositories.org/news-media/coars-response-to-plan-s/,（accessed 2018-12-10）.

31："Plan S: A European Open Access Mandate". OpenAIRE. 2018-10-05. https://www.openaire.eu/plan-s-a-european-open-accessmandate,（accessed 2018-12-10）.

32："Towards a Plan（HS）S: DARIAH's position on PlanS". DARIAH-EU. 2018-10-25. https://www.dariah.eu/2018/10/25/towards-a-planhss-dariahs-position-on-plans/,（accessed 2022-08-01）.

33：Jussieu Call for Open science and bibliodiversity. https://jussieucall.org/jussieu-call/,（accessed 2022-08-01）.

34：Jussieu Call は2018年12月開催の14th Berlin Open Access Conference でも，Plan S や OA2020と併せて言及されている。
"Final Conference Statement: 14th Berlin Open Access Conference". Open Access 2020. https://oa2020.org/b14-conference/final-statement/,（accessed 2022-08-01）.

35："Stellungnahme der DFG zur Gründung von "cOAlition S" zur Unterstützung von Open Access". DFG. 2018-09-04. http://www.dfg.de/foerderung/info_wissenschaft/2018/info_wissenschaft_18_56/index.html,（accessed 2022-08-01）.

36："Open access to publications: the SNSF supports Europe's Plan S". Swiss National Science Foundation. 2018-09-04. https://www.snf.ch/en/0pAC5oBtDJQ10ABP/news/news-180904-open-access-snsf-supports-plan-s,（accessed 2023-01-20）.

37："Wellcome and the Bill & Melinda Gates Foundation join the Open Access coalition". Wellcome Trust. 2018-11-05. https://wellcome.ac.uk/press-release/wellcome-and-bill-melinda-gates-foundation-join-open-access-coalition,（accessed 2022-08-01）.

38： "Wellcome is updating its open access policy". Wellcome Trust. 2018-11-05. https://wellcome.ac.uk/news/wellcome-updating-its-open-access-policy, (accessed 2022-08-01).

39： 正確には，ジャーナルや出版社ではなく研究の中身そのものを基準とした評価を行うことが要求されており，それを証明する手段として DORA や Leiden Manifesto for Research Metrics 等への署名が例示されている。
Leiden Manifesto for Research Metrics. http://www.leidenmanifesto.org/, (accessed 2022-08-01).

40： Stokstad, Erik . "In win for open access, two major funders won't cover publishing in hybrid journals". Science. 2018-11-05. https://www.sciencemag.org/news/2018/11/win-open-access-two-major-funders-wont-cover-publishing-hybrid-journals, (accessed 2022-08-01).

41： "From Principles to Implementation: cOAlition S Releases Implementation Guidance on Plan S". Plan S. 2018-11-27. https://www.coalition-s.org/implementation-guidance-on-plan-s-now-open-for-public-feedback/, (accessed 2022-08-01).

42： "Within this new guidance, we are pleased to see that the green route to Open Access has been acknowledged as we believe there is no single route to Open Access." と歓迎されている。
"LIBER Open Access Working Group: Statement on Plan S Guidelines". LIBER. 2018-12-06. https://libereurope.eu/blog/2018/12/06/liber-statement plan-s-guidelines/, (accessed 2018-12-10).

43： オフセットモデルや Read and Publish モデルについては以下の文献が詳しい。
小陳左和子, 矢野恵子. ジャーナル購読からオープンアクセス出版への転換に向けて：欧米の大学および大学図書館コンソーシアム連合（JUSTICE）における取り組み. 大学図書館研究. 2018, vol.109, https://doi.org/10.20722/jcul.2015, (参照 2022-08-01).

44： Utrecht University Library. Plan S implementation: information & discussion meeting. 2018-12-17. http://tinyurl.com/plansuu, (accessed 2022-08-01).

45： 箇条書きで挙げられているのは13項目だが，DOAJ 登録も含めて14項目とした。

46： 花﨑佳代子. 研究助成機関によるオープンアクセス義務化への大学の対応：英国の事例. カレントアウェアネス. 2017, No.332, CA1903, p.26-32, http://current.ndl.go.jp/ca1903, (参照 2022-08-01).

47： @RickyPo. Twitter. 2018-11-29. https://twitter.com/RickyPo/status/1067800492233957376, (accessed 2022-08-01).

48： "COAR's response to draft implementation requirements in Plan S". COAR. 2018-12-13. https://www.coar-repositories.org/news-media/coars response-to-draft-implementation-requirements-in-plan-s/, (accessed 2018-12-21).

49：Cochran, Angela. "Plan S: A Mandate for Gold OA with Lots of Strings Attached". The Scholarly Kitchen. 2018-12-07. https://scholarlykitchen.sspnet. org/2018/12/07/plan-s-a-mandate-for-gold-oa-with-lots-of-strings-attached/, (accessed 2022-08-01).

50：Schiermeier, Quirin. China backs bold plan to tear down journal paywalls. Nature. 2018-12-05. https://www.nature.com/articles/d41586-018-07659-5, (accessed 2022-08-01).

51：Pells, Rachael. "Chinese support for Plan S 'major blow' to opponents". Times Higher Education. 2018-12-17. https://www.timeshighereducation.com/news/ chinese-support-plan-s-major-blow-opponents, (accessed 2022-08-01).

52：船守美穂. プラン S 改訂：日本への影響と対応. 情報の科学と技術. 2019, vol.69, no.8, p.390-396. https://doi.org/10.18919/jkg.69.8_390, (参照日 2023-01-14).

53："Plan S Rights Retention Strategy". Plan S. https://www.coalition-s.org/rights-retention-strategy/, (accessed 2023-01-14).

54：船守美穂. プラン S 改訂版発表後の展開：日本はプラン S に何を学ぶか？. 国立情報学研究所, 2020, NII-2020-005J, 18p. https://doi.org/10.20736/0002000373, (参照日 2023-01-14).

55："Implementation Roadmap of cOAlition S Organisations". cOAlition S. https:// www.coalition-s.org/plan-s-funders-implementation/, (accessed 2023-01-14).

56："Open Access waiver request information". IOPscience. https://publishingsupport. iopscience.iop.org/oa-waiver-request-information/, (accessed 2023-01-14).

57：cOAlition S. "Accelerating Open Access: 2021 Annual Review". 2022. https:// www.coalition-s.org/wp-content/uploads/2022/01/Plan-S-annual-report-2021.pdf, (accessed 2023-01-14).

58："Big Deal Cancellation Tracking". SPARC. https://sparcopen.org/our-work/big-deal-cancellation-tracking/, (accessed 2022-08-01).

59：Shieber, Stuart M. Equity for Open-Access Journal Publishing. PLoS Biology. 2009, vol.7, no.8, e1000165, https://doi.org/10.1371/journal.pbio.1000165, (accessed 2022-08-01).

60：Shieber, Stuart. "Why open access is better for scholarly societies". The Occasional Pamphlet on scholarly communication. 2013-01-29. http://blogs.law.harvard. edu/pamphlet/2013/01/29/why-open-access-is-better-for-scholarly-societies/, (accessed 2022-08-01).

61："Read the Declaration: Budapest Open Access Initiative". Budapest Open Access Initiative. https://www.budapestopenaccessinitiative.org/read, (accessed 2022-08-01).

62：Piwowar, Heather. et al. The Future of OA: A large-scale analysis projecting Open Access publication and readership. bioRxiv, 2019, 795310. https://doi.

org/10.1101/795310, (accessed 2022-08-01).

63： Schimmer, Ralf. et al. Disrupting the subscription journals' business model for the necessary large-scale transformation to open access. MPG.PuRe. 2015. http://hdl. handle.net/11858/00-001M-0000-0026-C274-7, (accessed 2022-08-01).
Schimmer, Ralf ほか.（訳）オープンアクセスへの大規模な転換のための購読型ジャーナルのビジネスモデルの破壊：マックスプランクデジタルライブラリオープンアクセス白書. 田村香代子訳. 大学図書館研究. 2018, vol.109, p.2012-1-9, https://doi.org/10.20722/jcul.2012,（参照 2022-08-01）.

64： Open Access 2020. https://oa2020.org/, (accessed 2022-08-01).

65： 大学図書館コンソーシアム連合. 購読モデルから OA 出版モデルへの転換をめざして：JUSTICE の OA2020ロードマップ. https://contents.nii.ac.jp/sites/default/files/justice/2021-02/JUSTICE_OA2020roadmap-JP.pdf.（参照 2023-01-09）.

66： cOAlition S. https://www.coalition-s.org/, (accessed 2023-01-09).

67： cOAlition S. "Making full and immediate Open Access a reality". https://www. coalition-s.org/wp-content/uploads/271118_cOAlitionS_Guidance.pdf, (accessed 2022-08-01).

68： Hinchliffe, Lisa Janicke. "Transformative Agreements: A Primer". The Scholarly Kitchen. 2019-04-23. https://scholarlykitchen.sspnet.org/2019/04/23/transformative-agreements/, (accessed 2022-08-01).

69： Office of Scholarly Communication, University of California. "Negotiating with scholarly journal publishers: A toolkit from the University of California". https:// osc.universityofcalifornia.edu/uc-publisher-relationships/negotiating-with-scholarly-journal-publishers-a-toolkit/, (accessed 2023-01-09).

70： Hinchlife, Lisa Janicke. "The "Pure Publish" Agreement". The Scholarly Kitchen. 2020-02-20. https://scholarlykitchen.sspnet.org/2020/02/20/pure-publish/, (accessed 2022-08-01).

71： cOAlition S. "Accelerating the transition to full and immediate Open Access to scientific publications". https://www.coalition-s.org/wp-content/uploads/PlanS_Principles_and_Implementation_310519.pdf, (accessed 2022-08-01).

72： cOAlition S. "cOAlition S publishes updated criteria for Transformative Journals". 2020-04-08. https://www.coalition-s.org/coalition-s-publishes-updated-criteria-for-transformative-journals/, (accessed 2022-08-01).

73： "Transformative Agreement Registry". ESAC. https://esac-initiative.org/about/transformative-agreements/agreement-registry/, (accessed 2022-08-01).

74： Papaki, Eliza. "Towards a Plan (HS) S: DARIAH's position on PlanS". DARIAH-EU. 2018-10-25. https://www.dariah.eu/2018/10/25/towards-a-planhss-dariahs-position-on-plans/, (accessed 2022-08-01).

75：Raju, Reggie. "From green to gold to diamond: open access's return to social jus-
　　tice". IFLA WLIC 2018. Kuala Lumpur, Malaysia, 2018-08-24/30. IFLA. https://
　　library.ifla.org/id/eprint/2220/, (accessed 2023-01-09).

76：小陳左和子, 矢野恵子. ジャーナル購読からオープンアクセス出版への転換に向け
　　て：欧米の大学および大学図書館コンソーシアム連合（JUSTICE）における取り組
　　み. 大学図書館研究. 2018, vol.109, p.2015-1-15, https://doi.org/10.20722/
　　jcul.2015, (参照 2022-08-01).

77："論文はだれのものか（中）迅速公開, ゲイツ氏主導購読料不要で世に問う". 日本
　　経済新聞. 2018-10-08. https://www.nikkei.com/article/DGKKZO36187030V01C18
　　A0TJM000/, (参照 2022-08-01).

78："ビル・ゲイツ氏, 論文公開で世界主導：日本経済新聞：記事へのコメント". はて
　　なブックマーク. http://b.hatena.ne.jp/entry/s/www.nikkei.com/article/
　　DGXMZO36185510V01C18A0TJM000/, (参照 2022-08-01).

79："How it works". Gates Open Research. https://gatesopenresearch.org/about, (ac-
　　cessed 2022-08-01).

80：Richard Van Noorden. Science journals end open-access trial with Gates Founda-
　　tion. Nature. 2018, vol.559, p.311-312.

81："Japan Institutional Gateway | Research Gateway". F1000Research. https://
　　f1000research.com/japan-institutional-gateway, (accessed 2023-01-11).

82：Morrison, Heather. "Frontiers: 40%journals have APC increases of 18-31%from
　　2017 to 2018". Sustaining the Knowledge Commons. https://
　　sustainingknowledgecommons.org/2018/04/12/frontiers-40-journals-have-apc-
　　increases-of-18-31-from-2017-to-2018/, (accessed 2022-08-01).

83：Morrison, Heather. "Recent APC price changes for 4 publishers (BMC, Hindawi,
　　PLOS, PeerJ)". Sustaining the Knowledge Commons. https://sustainingknowledge
　　commons.org/2018/04/13/recent-apc-price-changes-for-4-publishers-bmc-
　　hindawi-plos-peerj/, (accessed 2022-08-01).

84："Open APC initiative". GitHub. https://github.com/OpenAPC, (accessed 2022-08-01).

85：Bosch, Xavier. An open challenge: Open access and the challenges for scientific
　　publishing. EMBO Reports. 2008, vol.9, p.404-408.

86：McNutt, Marcia. Opinion: "Plan S" falls short for society publishers: and for the
　　researchers they serve. Proceedings of the National Academy of Sciences. 2019,
　　vol.116, no.7, p.2400-2403. https://www.pnas.org/doi/10.1073/pnas.1900359116, (ac-
　　cessed 2022-08-01).

87：Leptin, Maria. "The publishing costs at EMBO". EMBO. https://www.embo.org/
　　news/articles/2019/the-publishing-costs-at-embo, (accessed 2022-08-01).

88：Khoo, Shaun Yon-Seng. Article Processing Charge Hyperinflation and Price Insensitivity: An Open Access Sequel to the Serials Crisis. LIBER Quarterly. 2019, vol.29, no.1, p.1-18.

89："The Austrian Science Board and the FWF Respond to the Recent Media Reports on the Questionable Practices of Several Scholarly Publishers". Austrian Science Fund FWF. https://www.fwf.ac.at/en/news-and-media-relations/news/detail/nid/20180724-2314/, (accessed 2022-08-01).

90：Shen, Cenyu. et al. 'Predatory' open access: a longitudinal study of article volumes and market characteristics. BMC Medicine. 2015, vol.13, no.230. https://doi.org/10.1186/s12916-015-0469-2, (accessed 2022-08-01).

91：佐藤翔. 査読の抱える問題とその対応策. 情報の科学と技術. 2016, vol.66, no.3, p.115-121.

92：鳥井真平, 池田知広. "ネット学術誌「出版社」の事務所で中古車販売も". 毎日新聞. 2018-04-02. https://mainichi.jp/articles/20180403/k00/00m/040/053000c, (参照 2022-08-01).

93："Potential predatory scholarly open-access journals". BEALL'S LIST OF POTENTIAL PREDATORY JOURNALS AND PUBLISHERS. https://beallslist.weebly.com/standalone-journals.html, (accessed 2022-08-01).

94："Potential predatory scholarly open access publishers". BEALL'S LIST OF POTENTIAL PREDATORY JOURNALS AND PUBLISHERS. https://beallslist.weebly.com/, (accessed 2018-08-08).

95："Rising Stars from Essential Science Indicators". Clarivate. https://clarivate.com/blog/science-research-connect/rising-stars-essential-science-indicators/, (accessed 2022-08-01).

96：Ross-White, Amanda. et al. Predatory publications in evidence syntheses. Journal of the Medical Library Association. 2019, vol.107, no.1, p.57-61. https://doi.org/10.5195/jmla.2019.491, (accessed 2022-08-01).

97：Ross-White, Amanda et al. "Predatory Health Journals". Scholars Portal Dataverse. 2018, V1, UNF:6:LTafZjMxd/fJKB7tMe/wsA== [fileUNF]. https://doi.org/10.5683/SP2/VMMBNH, (accessed 2022-08-01).

3章

研究データ共有

　全分野を対象とした研究データ共有は，経済協力開発機構（OECD）やG7
科学技術大臣会合によって牽引されてきた。米国やEU諸国では政府や助成機
関によるポリシーの制定が完了しつつあり[1,2]，話題の中心は政策から実現の
ための活動，すなわち基盤整備，普及，成果の追跡などへと移っている。日本
では，2013年ごろから内閣府などによる検討が重ねられ，2017年に設立された
オープンサイエンス基盤研究センター[3]によって，インフラの整備やオンライ
ン講座の開講といった取り組みが進められている。

　一方，「データ共有への不安をどう解決するか」「共有のコストに見合う成果
が生み出されるのか」「共有者へのインセンティブをどう設計するか」といっ
た根本的な課題については，――長年にわたる議論にもかかわらず――解決に
は至っていない。そこで新たなアプローチとして，研究以外のオープンデータ
の取り組みと協同するきざしが見えてきた。たとえば，デジタルアーカイブの
関係者との交流イベント[4]や，政府と研究のオープンデータを区別せず，活用
に焦点を当てた論考[5]などがある。

　本章では研究データ共有を適切に行うためのデータ管理の動向と，共有され
たデータを探して評価し，再利用するための取り組みを紹介する。なお，本章
における「研究データ共有」には，データへのアクセスや利用に一定の制限が
設けられている場合を含める。

3.1　研究データ管理（RDM）

　本節では，研究データ管理（Research Data Management：RDM）とデータマ
ネジメントプラン（Data Management Plan：DMP）を取り上げる。連載当時，
日本の研究者にもDMPを作成してRDMの実践を求める兆候が見え始めてい

たが，何をどこまでやればよいのか，今ひとつ明確ではなかった。そこで国外のRDM評価ツールや日本で導入されたDMPを参考に，相場観を示そうとした次第である。2022年1月現在でも，RDMやDMPに求められる内容は，それほど変化していないように思う。

3.1.1 RDMの目的地と現在地

3.1.1.1 RDMに求められているものは何か

　研究の根拠となるデータを適切に整備し，共有し，保存するためのRDMの推進に向けた課題や論点が整理されつつある。それでは，研究者，研究機関，図書館，研究支援部署等のステークホルダーは，どのようにRDMを実践すればよいのだろうか。

　ここでは，RDMの評価ツールから検討してみたい。一般には，実践→評価の順に行われるが，既にRDMを進めている国外の評価ツールを参考に，バックキャスティングで「あるべき姿」から実践内容や優先順位を考えてみようとする試みである。

3.1.1.2 本節におけるRDM

　RDMの射程は文献や政策によって異なるが[6]，本節で扱うRDMの範囲は，（1）研究者によるRDMの実践，（2）研究機関によるRDMの方針，（3）図書館等によるRDMの支援としたい。RDMには次項で紹介するDMP[7]，すなわち研究データの整備，共有，保存についての計画（文書）が含まれる。つまり，（1）にはDMPの作成や実践が，（2）にはDMPまたはDMPに準ずる要求が，（3）にはDMPの作成・実践の支援が含まれる（3-1図，DMPは3.1.2で，データのオープン／クローズについては3.2.1で説明する）。RDMとDMPは字面も内容も似ていてややこしいのだが，DMP⊂RDMと考えていただければと思う。

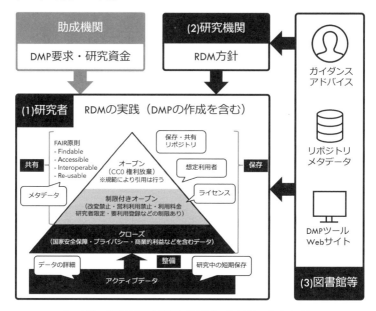

3-1図 研究データ管理（RDM）とステークホルダー

3.1.1.3 研究者のための RDM 評価ツール

（1）RDM ルーブリック

　カリフォルニア大学キュレーションセンター（University of California Curation Center：UC3）の Borghi らは，RDM の実践状況について研究者が自己評価を行うためのルーブリック（評価基準の表）を考案した（3-2図）[8]。以下では，京都大学オープンソースプロジェクトによる「研究データマネジメントルート」の抄訳[9]に従って記す。

　RDM ルーブリックは，成熟度レベル（縦方向の列）と，研究の各段階における評価基準（横方向の行）からなる二次元の表として構成されている。成熟度レベルは「その場しのぎ的な対応」「1回はできている」「有効かつ有用」「再利用のために最適化済み」の4段階に分けられている。評価基準は，「研究プロジェクトの計画段階」から「データの共有と公開」までの6段階である。たとえば，「研究プロジェクトの計画段階」で「研究データを入手した場合，『何らかの方法をとらなくてはいけない』のだが，標準化あるいは文書化された計

3-2図　RDM ルーブリック[*1]

画を持っていない」ならば「その場しのぎ的な対応」である。一方，「自分自身あるいは他者が将来合理的にデータを利用できるように，データマネジメント計画を作成している」場合は「再利用のために最適化済み」となる。

（2）もう少し簡単に：チェックリスト

eRSA[10]による13項目のチェックリスト[11]は，より簡便に利用できると考えられる（3-3図）。項目によっては補足が必要だと思われるが，DOI（デジタルオブジェクト識別子）の付与やデータ引用（4.2.2参照）に関する解説をつければ，啓発にも使えるのではないだろうか。

＊1：Borghi, John. "Support your Data". University of California Curation Center (UC3). 2018-01-11. https://uc3.cdlib.org/2018/01/11/support-your-data/, (accessed 2022-08-01).

□ DMP作成済み
□ データとファイルは論理的に組織化されている
□ 一貫した語彙とラベルが使用されている
□ 対象と方法のメタデータが記録されている
□ ファイルは永続性のある一般的なフォーマットで
　作成されている（例：XLSではなくCSV）
□ データは安全な場所に保存されている
□ バックアップが作成されている
□ 保存期間が決められている
□ データの所有者が特定されている
□ 倫理ガイドラインに準拠している
□ コレクションレベルのメタデータが適切なディス
　カバリーポータルに登録されている
□ 適切なライセンスが付与されている
□ データセットが引用できるようにDOIが付与され
　ている

3-3図　RDM チェックリスト[*2]

3.1.1.4　研究機関・図書館等のための RDM 評価ツール

（1）RISE（Research Infrastructure Self Evaluation Framework）

　英国のデジタルキュレーションセンター（Digital Curation Centre：DCC）は，研究機関による RDM サービスを自己評価するための枠組みとして，RISE を公開している[12]。3-4図に示す研究データサービスモデルの10項目について，それぞれ解説と「レベル1」から「レベル3」までの評価項目が設定されている。たとえば③ RDM トレーニングには，「オンライン」と「対面」の2種類がある。オンラインの「レベル1」は（組織の）RDM ページに外部のトレーニングページがリンクされている，「レベル2」は組織のニーズやサービスに合わせたものが追加されている，「レベル3」は組織の研究者やスタッフのニーズに合わせて多くのオンライントレーニングツールを作成しており再利用されている，である。

（2）より具体的に：チェックリスト

　SPARC Europe は，RISE に基づくチェックリスト式の評価ツールを公開し

＊2：eRSA. "Data management checklist". Wayback Machine. https://web.archive.org/web/20180724103934/https://www.ersa.edu.au/data-manage-ment-checklist/, (accessed 2023-01-20). をもとに筆者訳。

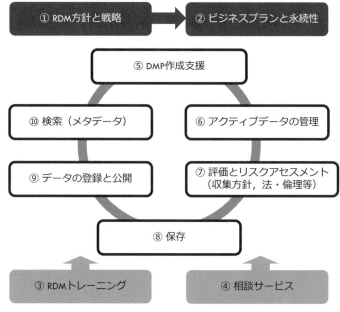

3-4図　DCC 研究データサービスモデル*3

ており[13]，RISE の項目を「方針と戦略」「ライセンス」などの11項目に整理した上で，それぞれのチェック項目を示している。たとえば「データリポジトリ」には，「DMP が含まれる」「保存方針がある」「ROAR[14]にリストアップされている」「データ登録を要求している」「発見可能性（OAI-PMH，Google カスタム検索エンジン等)」といったチェック項目がある。

　RISE が目標を記述しているのに対して，このチェックリストには具体的な取り組みが示されている。結果はレーダーチャートで表示されるため，機関の強みと弱みが明白となる。

＊3：Rans, Jonathan; Whyte, Angus. "Using RISE, the Research Infrastructure Self Evaluation Framework". DCC. 2017-01-27, http://www.dcc.ac.uk/ resources/how-guides/RISE, (accessed 2022-08-01). をもとに筆者訳。

3.1.1.5　RDM の目的地と現在地の明確化

　こうした RDM 評価ツールには，ある時点での理想や目標が反映されていると考えられる。その全てを実現しようと思うとハードルが高いが，研究者や研究機関にとって不十分な点を可視化し，優先順位を検討するためのツールとして有用であるとも考えられる。

　また，研究者による評価結果は，RDM サービスを構築する上でニーズを把握するための良い手がかりになるのではないだろうか。評価ツールに研究機関の方針や図書館等が提供可能なサービスを盛り込み，研究者に提示すれば，方針やサービスの周知にも役立つと考えられる。ただし，ここで紹介した評価ツールは国外のものであるため，まずは日本の状況に合わせて項目の妥当性を検討したり，項目を追加したりする必要があるだろう。たとえば，大学 ICT 推進協議会（AXIES）研究データマネジメント部会による「国立研究開発法人におけるデータポリシー策定のためのガイドライン」[15]とのすり合わせ，Google Dataset Search や CiNii Research への対応を盛り込むことなどが考えられる。改定した評価ツールの達成度から，組織の現在地，及び相対的な強みや弱みを把握することによって，今後の優先課題を具体的に検討することができるのではないだろうか。

3.1.1.6　RDM の要請と対応

　研究者及び大学などの研究機関にとって，RDM の実践は喫緊の課題となった。2021年6月に閣議決定された『統合イノベーション戦略2021』[16]では，「科学技術・イノベーション政策において目指す主要な数値目標」（主要指標）として，次の2点が掲げられている（p.81）。

　　1．機関リポジトリを有する全ての大学・大学共同利用機関法人・国立研究開発法人において，2025年までに，データポリシーの策定率が100％になる。

　　2．公募型の研究資金149の新規公募分において，2023年度までに，データマネジメントプラン（DMP）及びこれと連動したメタデータの付与を行う仕組みの導入率が100％になる。

　4.3.3で紹介されているように，オープンアクセスリポジトリ推進協会

（JPCOAR）は，RDM を実施するための教材を作成して無料で公開している。支援対象者向けは「研究データ管理サービスの設計と実践」（第 2 版）[17]，研究者向けは「研究者のための研究データマネジメント」[18]である。また，前述の「大学における研究データポリシー策定のためのガイドライン」も策定されている。しかし，現状では機関レベルで RDM 体制を構築している大学や研究機関は少数であり，インフラの整備，予算確保，人材育成など課題が多い[19]。既に RDM に着手している機関の事例を共有するなど，効率的な取り組みが必要であろう。

3.1.2　データマネジメントプラン（DMP）：FAIR 原則の実現に向けて

3.1.2.1　助成機関による DMP の要求と研究データ公開の義務化

　本項では，DMP を取り上げる。DMP とは，研究のために作成・収集するデータをどのように管理するか，取り扱いや整備・保存・共有について記す計画書である。オープンサイエンス政策における"研究データ公開の義務化"とは，助成機関による DMP（文書）の提出要求を指すことが多い。DMP は，2003 年に米国衛生研究所（NIH）が義務化したのを先駆けとして，英国，欧州，オーストラリア，カナダ，南アフリカ……と各国の助成機関に広がり，現在は次世代 DMP の議論が高まっている。日本では，2017 年から科学技術振興機構（JST）が，2018 年からは新エネルギー・産業技術総合開発機構（NEDO）と日本医療研究開発機構（AMED）が DMP の提出を求めている。日本学術振興会の科学研究費助成事業（科研費）が DMP を要求するようになれば，いよいよ多くの研究者や機関が取り組むことになるだろう。ここでは，助成機関による DMP のねらいと動向を踏まえつつ，実際に DMP を作成した所感を述べたい。

3.1.2.2　DMP とは何か

　助成機関が DMP を要求する主な目的は，投資した研究成果の共有や再利用によって価値を最大化すること，及びデータを効率的かつ適切に管理させることである。DMP の記述内容は助成機関によって異なるが，（1）データの詳細（データの種類，形式，データ量，メタデータ），（2）倫理と知的財産権，（3）

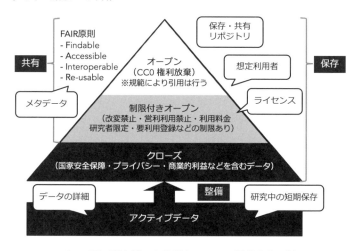

3-5図 研究データ管理と DMP の記述内容の例

アクセスと共有，再利用（想定利用者，共有方法），（4）短期保存とデータ管理
（バックアップ，データの管理者），（5）長期保存（保存期間，長期保存するべきデー
タ），（6）必要なリソース（ハードウェア，ソフトウェア，技術的支援）などが
含まれる[20]。研究者は，3-5図に示すように，研究中に扱うアクティブデー
タを整備して，必要なデータを適切に共有・保存することをイメージしながら
DMP を作成する。DMP は助成金を獲得するための書類にとどまらず，データ
セットの長期保存と有用性を確保するために重要であるとも指摘されている[21]。

3.1.2.3 FAIR 原則と欧州委員会の DMP テンプレート

　さて，研究データにとって共有はゴールではなく，利用されてこそ新たな価
値が生まれる。そこで国際イニシアティブの FORCE11 は，データが長期にわ
たって再利用できるように，Findable（見つけられる），Accessible（アクセスで
きる），Interoperable（相互運用できる），Re-usable（再利用できる）状態で共有
しようという「FAIR 原則（FAIR Data Principles）」を提唱した。「FAIR」はオ
ープンサイエンス界隈のキーワードとなっており，日本ではバイオサイエンス
データベースセンター（NBDC）による翻訳と解説が公開されている[22]。

　DMP の議論にも，しばしば FAIR 原則が登場する。欧州委員会（EC）の

「Horizon2020におけるデータマネジメントのガイドライン」は，第3版（2016
年）からタイトルに「FAIR」を追加しており[23]，付録の DMP テンプレートの
冒頭には FAIR 原則を掲載している。DMP テンプレートは，［1］データの
概要，［2］FAIR データ，［3］資源配分，［4］データセキュリティ，［5］
倫理的側面，［6］その他の6章で構成されている。項目を数えると，本文は
約40項目，本文をまとめた表でも約30項目あり，なかなかのボリュームである。
特に FAIR に関する指示は細かい。

　なるほどこの DMP テンプレートを完璧に作成し，実践することができれば，
データが長期にわたって再利用できそうである――とは思うものの，知識がな
いと書けない箇所（適切なリポジトリ，メタデータ標準）や，望ましい回答がわか
らない箇所も多い。OpenAIRE と EC の FAIR データ専門家グループは，
2017年に DMP の作成者と支援スタッフを対象としてテンプレートに関する調
査を行い，289名から回答を得ている[24]。DMP テンプレートの作成・支援過程
をポジティブに受け止めた回答者は60％（意外と多い），ネガティブな回答者は
16％であった。ネガティブな回答者は，作成のための労力が大きいことや馴染
みのない用語が多すぎることを指摘している（まったくもって賛成である）。

3.1.2.4　日本版 DMP を書いてみた

　日本の DMP はどうだろうか。NEDO，JST，AMED の DMP を作成してみ
た（AMED は医学分野に特化されているため，適宜読み替えた）。項目は厳選されて
おり，NEDO は17項目，JST は9項目，AMED は12項目である（3-1表）。
全体的に書きやすいよう工夫されていて，「データの概要」や「データ公開の
レベル」などは箇条書きや選択式になっている。また，NEDO と JST はデー
タごとに，AMED は制限共有・制限公開・非制限公開データごとに記入欄が
設けられている。

　3-1表の項目名は NEDO の DMP に準じて作成し，JST と AMED は趣旨
が同じ項目を適宜あてはめた。◎は制限共有・制限公開・非制限公開データご
とに記載する。

　書くのが難しかったのは，NEDO と JST の「想定利活用用途」「利活用・提
供方針」「円滑な提供に向けた取り組み」である。データ共有が習慣となって

3-1表　DMP の概要

項目	NEDO	JST	AMED
データ名称	○	○	
データの説明	○	○	◎
管理者／担当者	○		○
分類	○	○	
公開レベル	○	○	
DMP 対応項目		○	
秘匿理由	○		
秘匿期間	○		○
取得者	○		
取得方法	○		
その他	○	○	○
公開データ			
想定利活用用途	○	○	
利活用・提供方針	○	○	○
円滑な提供に向けた取り組み	○	○	
リポジトリ／データベース	○		◎
データフォーマット			○
想定データ量	○		
加工方針	○		
その他	○		○

項目名は NEDO の DMP に準じて作成し，適宜読み替えた。
◎は制限共有・制限公開・非制限公開データごとに記載する。

いる分野の研究者には難しくないのかもしれないが，筆者などは，例文に当てはまらない場合があること，データの種類ごとに記載する必要があることから，かなりの時間を要した。それでいて完璧な記述ができたとも思えない。

　そもそも，DMP のねらいは研究を適切に推進することだろう。研究者が DMP の作成に時間を取られてしまい，研究のための可処分時間が減るならば本末転倒ではないだろうか。実際に DMP を書いてみて，俄然，DMP ツール（作成補助ツール）への期待が高まった。

3.1.2.5　日本版 DMP ツールへの期待

　国外の DMP の多くは文章形式で記述しなければならず，負担が大きい。そこで助成機関の目的を達成しつつ負担を減らすためにオープンソースの DMP ツールが開発されてきた。研究者は無料でアカウントを作成して，助成機関名を選択すると，DMP の項目が質問の形で表示される。質問に答えるようにデータに関する情報を入力していくと文章形式の DMP が完成し，提出用のフォーマットで出力できるというものである。米国はカリフォルニア大学キュレーションセンター（UC3）が DMPTool[25]を，英国はデジタルキュレーションセンター（DCC）が DMPonline[26]を提供しており，他の国でも流用されてきた。現在は両者を統合した DMPRoadmap が，後述する Active DMP として開発されている。

　DMP ツールには，回答例や回答に役立つガイドを掲載することができる。EC の DMP テンプレートに対する調査[27]では，「自分の分野やデータタイプにとって適切な標準のサジェスト」「記載例や推奨される回答の例を増やす」「自分の分野での良い実践に基づくドロップダウンオプションの提示」の優先順位が高いことがわかった（こちらも大いに賛成）。模範的な回答を DMP ツールで選択できれば，回答者の負担が減り，RDM の啓発にもなるだろう。

　研究者が提出した DMP には，助成機関が想定しなかった「データ公開方法」や「データを公開しないほうが良い理由」なども含まれると考えられる。こうした記述をレビューして，常に DMP ツールの回答例やガイドに反映させられれば，よりよいデータ公開の方法や注意するべき事柄が研究者・助成機関・DMP ツールの開発者の間で共有できると考えられる。DMP から得られた知見は，RDM 教育などに活かすこともできるだろう。

3.1.2.6　Active DMP，あるいは機械で実行可能な DMP

　次世代 DMP の主な論点は，FAIR 原則の実現，DMP の標準化，そしてアクティブな DMP の開発であり，FORCE11の FAIR DMP Working Group（WG）や研究データ同盟（RDA）の DMP Common Standards WG，Active DMPs Interest Group（IG）などで検討されている。#activeDMPs[28]によれば，機械で実行可能な（machine-actionable）DMPs（maDMPs）は，従来の自由記述

によるDMPを構造化し，公開し，既存システムと連携することによって，多くのステークホルダーにとって価値を生むとのことである。「maDMPsの10原則」[29]では，具体的な要件とメリットを挙げている。たとえば，人も機械も可読にすること，DOIやORCIDなどの永続的識別子（PID）及び統制語彙を用いることによって，多様な分野の用語や作法に則って書かれていたDMPの検索や理解，研究と研究者情報の追跡が容易になる。そうすれば評価者はもちろんのこと，研究者は幅広い分野のDMPやデータを，倫理委員会や法務担当者はベストプラクティスを，リポジトリ担当者はコストやライセンスの情報を参照して，それぞれ役立てることができるようになる。また，DMPを更新可能でバージョン情報をもつ文書にすること（データが共有されたら自動的にDMPが更新され，タイムスタンプが押される）なども挙げられている。つまりmaDMPsは，データと同様にDMPの相互運用性を高めつつ，DMPを公開することによって，研究をより効率化することを目指しているといえるだろう。

3.1.2.7　助成機関への期待

　実際にDMPを作成してみて，データの管理や共有の参考になる点が多々あった。DMPツールによって効率的な作成や，他の研究者の優れた実践・課題の共有が可能になれば，より有用なものになるだろう。とはいえ，DMPの作成とデータ共有には，相応のコストがかかる。DMPを要求するならば，米国科学財団（NSF）のように[30]共有データを業績とさせていただければ，と思う次第である（2013年1月，NSFは業績記入欄の名称を「Publication」から「Products」に変更して，申請者が共有したデータやプログラムコードの記載を可能にした）。

3.1.2.8　NII DMP Systemによるデータガバナンス

　国立情報学研究所が目下開発を進めている研究データ基盤（NII Research Data Cloud：NII RDC）には，NII DMP System（仮称）が実装されるようである[31]。研究者はDMP作成支援ツールを利用することによって，条件に合致するツールやストレージを選択することが可能になり，学術機関は所属研究者のRDM状況をモニタリングすることが可能になるとのことである。DMPはデータの共有に必要なメタデータ情報も多数含んでいるため，データを寄託する

際に DMP も併せて登録できれば，リポジトリの担当者にとっても有益なのではないだろうか。

3.2 研究データの利用

3.2.1 研究データ共有におけるライセンスの検討状況

3.2.1.1 データをスムーズに共有するための仕組み

2018年現在，著作権法や不正競争防止法等の改正案[32,33]からは，研究データのみならず政府や企業によって公開されたデータの利用範囲を拡大しようとするねらいが見て取れる。多様なデータをできるだけ自由に使えるようにしようとする大きな動きがある一方で，厳しい競争環境に置かれている研究者からは懸念の声もあがっている。本項では，こうした状況を踏まえた研究データのライセンスに関する取り組みについて紹介したいと思う。

3.2.1.2 研究データのライセンスに関する状況と課題

研究データの共有状況は，おおむね3-6図のように分けられる。（1）制限を課すことなくオープンにされているもの，（2）営利利用禁止や利用料金などの制限付きで共有されているもの，（3）国家戦略やプライバシーなどの問題からクローズにされているものであり，現状では，特に（2）が問題となっている。

一般に，研究データの多くは著作権の対象とならず，著作権に類する法的な保護規定もない。（2）のような条件を課したい場合は，個別の契約やライセンス表示が必要であるが，今のところ標準的なフォーマットが存在しない。そのため，公開者が条件を設定するコスト，利用者が条件を正しく解釈するコスト，さらには条件が異なるデータを同時に使う場合の判断コストが高くつき，スムーズな共有や再利用を妨げている。

3.2.1.3 オープンデータは CC0 を目指す

そこで，オープンサイエンス政策や学術雑誌のポリシー，及び政府データ[34,

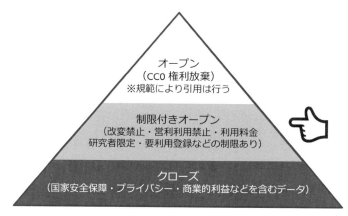

オープン
（CC0 権利放棄）
※規範により引用は行う

制限付きオープン
（改変禁止・営利利用禁止・利用料金
研究者限定・要利用登録などの制限あり）

クローズ
（国家安全保障・プライバシー・商業的利益などを含むデータ）

3-6図　研究データの共有状況

デジタルアーカイブ[35]などでは，クリエイティブ・コモンズ・ライセンス（以下，CCライセンス）のCC0（権利放棄）を推奨・採用することが多い。CC0のデータは商用利用や改変も可能であるため，利用の増進が見込める。たとえば，2017年2月にメトロポリタン美術館はオープンアクセス方針を採択し，約40万点の高精細デジタル画像をCC0で公開した。その結果，数週間でダウンロード数が260％増加したという[36]。

　将来的には，研究，行政，企業，文化遺産など，データの出所や種類の区別なく，多様なデータが活用可能になると予想される。研究データのライセンスもCC0としておけば，「研究データだけライセンス体系が違うため使いにくい」という事態を避けることができる――理論上は。しかし，研究者の「データを共有すると想定外の使い方をされるのではないか？」という懸念は，今なおデータ共有推進の障壁となっている。日本の研究者を対象としたアンケート調査では，データを共有する場合に「データを引用せずに利用される可能性」「先に論文を出版される可能性」「誤解や誤用の可能性」「機密・プライバシー情報」「商用利用される可能性」が問題であるとする回答者が，いずれも7割を超えた[37]。特に無断利用や先取権の喪失への懸念は，学術コミュニティの厳しい競争環境も相まって，極めて深刻である。

3.2.1.4 なぜ，CC BY ではないのか？

無断利用の懸念を解消できそうな CC ライセンスとして，クレジット表示を求める CC BY がある。また，オープンサイエンス政策では，データ引用を論文と同様に研究者の評価につなげることで，公開のインセンティブとしようとしている。それなのに，なぜ CC BY を推奨しないのか？[*8]

そもそも，CC ライセンスは著作権者が指定する一定の条件を守れば，著作物を自由に使ってよいとする意思表示のためのツールである。言い換えると，著作権が認められないデータに対して利用条件を指示することは想定されていない。実際にクリエイティブ・コモンズは，オープンサイエンスの文脈でデータなどへの CC0 の利用を推奨しているが，CC BY の利用は避けるよう呼びかけている[38]。

ただし，CC BY を用いないことは，引用せずに利用してもよいということを意味しない。クリエイティブ・コモンズは，CC0 を用いた上で，引用情報を明示する方法を推奨している[39]。また，国際組織や出版社によってデータ引用の標準化[40]や普及のための取り組みも行われている[41]。データ引用については，4.2.2 で詳しく述べる。

3.2.1.5 研究者がデータの利用者に求める条件

こうした国内外の状況を踏まえて，筆者も所属する研究データ利活用協議会（RDUF）の「研究データのライセンス検討小委員会（以下，小委員会）」は，データの公開者と利用者の双方にとって，有用かつわかりやすいガイドラインの作成を目指して活動している（3.2.1.7 参照）。2018 年 2 月には，研究者やリポジトリ管理者を対象としたアンケート調査を実施した。3-7 図は，事前のインタビュー調査で挙げられたデータの公開条件をもとに，利用者に求めたい条件を尋ねた結果である。

これらの条件を示すために，比較的よく知られている CC ライセンスを（非推奨であることには目をつぶって）採用するのがよいのか，その場合，CC ライセ

＊8：CC BY でも良いとするポリシーも見かけるが，おそらく著作権保護の対象となる「創作性が認められるデータ（ベース）」に対応するものと考えられる。

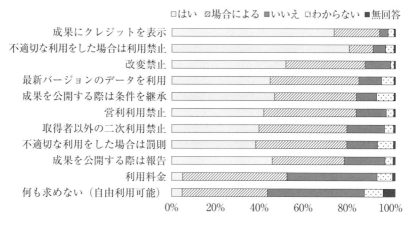

3-7図　データの利用者に求めたい条件（n ＝412）

ンスがカバーしていないデータ特有の条件，すなわち「最新バージョンの利用」や「取得者以外の二次利用の禁止」などはどうすればよいのか，著作権や特許のように期限を設けるべきか，議論は尽きない。小委員会は，2018年6月18日から19日にかけて東京で開催されたJapan Open Science Summit（JOSS 2018）において，企業データ，デジタルアーカイブ，政府データの課題を共有した上で，産官学の参加者による議論を行った。当日の資料は，ウェブ上で公開されている[42]。

3.2.1.6　最適な仕組みを求めて

　CC0の理想と研究者の現実を調整する最適解はどこにあるのだろうか？　技術的な解決策として，ブロックチェーン技術によるデータ保有者の保証[43]やプライバシー情報の保護[44]などが検討されており，後者は，現在クローズにされているデータをもオープンにする可能性を秘めている。研究データのライセンスを検討する際には，学術コミュニティや法律の枠を超えた動きへの目配りが――予想以上に大変そうだとしても――必要であると感じている。

3.2.1.7　「研究データの公開・利用条件指定ガイドライン」の公開

　本項で紹介した「研究データの公開・利用条件指定ガイドライン」[45]は2019

年に完成し，学術機関や学協会などから参照されている。ガイドラインは，
（1）公開対象とするデータの特定，（2）データ公開の制約条件の確認，（3）
公開制約条件の解除，（4）公開先の選択肢，（5）利用条件の指定の五つのス
テップを経て，利用規約を作成できるよう構成されている。ガイドライン作成
の経緯や詳細については紹介記事[46]をご覧いただければと思う。以下では本項
でも触れた重要な論点について補足する。

　（3）公開制限条件の解除とは，一定期間の後に制限をなくし自由に利用で
きるようにすることを指す。データには著作権のような保護期間が存在しない
ことから，永続的な制限としないよう検討した結果である。また，（5）利用
条件の指定については，当該データに著作権があるかどうかの判断が難しいこ
とから，CC ライセンスそのものではなく，CC ライセンスを準用した①表示，
②継承，③非営利，④改変禁止などの条件を示すことを推奨している。ただし，
データを利用する際には改変する（例：集計する，図の一部を切り取る）ことが想
定されるため，"「改変禁止」とは，改変したデータの共有・公開を禁じる意味
であり，私的にデータを利用する行為まで禁じるものではありません"と注記
をつけた。また，改竄防止の意図で「改変禁止」を用いることや，「改変禁止」
が明示されていなければ改竄しても良いと誤認されることがないよう，"改変
禁止が付与されない利用条件であっても，データの改竄が発覚した場合には不
正競争防止法等の適用が考えられます"と注記している。

3.2.2　研究データの検索ツール

3.2.2.1　研究データの検索ツールを比較する

　研究データ共有が盛んになり，分野横断で検索できるツールも増えてきた。
そこで本項では主要な四つのデータベース，すなわち Clarivate Analytics の
Data Citation Index（DCI）[47]，DataCite[48]の検索（検索画面に名称はついていない
が，本章では機関名と区別するためにページタイトルである「DataCite Search」と記
す）[49]，Elsevier の DataSearch（ベータ版）[50]，そして Google Dataset Search（ベ
ータ版）[51]を取り上げたい。まず，それぞれの概要を示した後，キーワード検索
やタイトル検索の結果と使い勝手を紹介する。

3.2.2.2　研究データ検索ツールの概要

まず，四つのツールで検索できる対象や特徴について概観する。結論から言うと，2019年春の現時点では4ツールの収録範囲が結構異なるので，それぞれの特徴を知っておくと良いと思う。

（1）Data Citation Index（DCI）

2012年に Thomson Reuter（現 Clarivate Analytics）が公開したデータベースで，Web of Science の一部として提供されている（有料）。その名が示すとおりデータの引用索引であり，Science Citation Index（SCI）などと同様に，データとそのデータを引用した論文を検索することが可能である。

対象となるデータの種類は，データセット，データ研究（data study），ソフトウェアであり，随時リポジトリ単位でデータが追加されている（リポジトリ自体も検索対象である）。2019年3月末現在，推定888万レコードが収録されている。

（2）DataCite Search

研究データを対象とした DOI（デジタルオブジェクト識別子）の登録機関（Registration Agency：RA），つまりは元締めである DataCite による検索サービス。DataCite Metadata Search（ベータ版）を経て提供が開始された。

DataCite の統計によれば，2019年4月末現在，DOI を発行する130機関によるメタデータのうち発見可能（findable）なもの，すなわち DataCite Search で検索できると推測されるのは1,454万レコードである[52]。

（3）Elsevier DataSearch（ベータ版）

2016年8月に Elsevier が公開した研究データを探すためのデータベース。その特徴は，ScienceDirect と arXiv（プレプリントサーバ）に掲載された論文の図表や補足資料を検索対象に含めている点である。このほか，同社が選択したデータリポジトリやリポジトリのメタデータを収集して索引付けを行っている。絞り込み条件で「データリポジトリ（Data Repositories）」を選択すればリポジトリのデータのみ，「論文リポジトリ（Article Repositories）」を選択すれば補足資料のみを表示することができる。

データ件数は不明だが，収録リポジトリはすべて列挙されている。FAQ（よくある質問）によれば，リポジトリの選択基準はユーザ数やインデックス作成の容易さとのこと。

（4）Google Dataset Search（ベータ版）

2018年9月に Google が公開したデータベース。対象は「研究」データに限定しておらず，csv や画像など，データセットとみなされるものを幅広く検索できる。ただし，Google Dataset Search が検出するのは schema.org の Dataset マークアップや W3C の Data Catalog Vocabulary（CDAT）に基づく構造化データをもつデータセットである。畢竟，対応していないデータ（リポジトリ）は，Google Dataset Search で検索されないことになる（！）。Google による2017年の構想発表から Figshare などによる迅速な対応，そして Dataset Search 公開までの経緯は，オープンサイエンス基盤研究センター（RCOS）のブログで船守が解説している[53]。

3.2.2.3 キーワード検索

データを検索する状況〈その1〉として，"研究や調査に使うためのデータを探してみる"場合を想定して，「library statistics」などをキーワードに無料の3ツールで検索した。ちなみに日本語のキーワードで検索すると DataCite はごくわずかしかヒットせず，Elsevier はエラー，Google でヒットするのはほとんどが中国語のデータであった（船守のブログが書かれた2018年9月とあまり変わらず？）。

検索画面は3ツールともシンプルで差がなく，レスポンスはどれも速い——ウェブサイトの表示速度のスコアを調べると微妙に差があるが，体感できるほどではない。ここでは「machine △ learning △ dataset」で検索した結果を示す（△は半角スペース）。

DataCite は1,999,773件ヒット。登録年，データ形式，データセンター（リポジトリ）で絞り込みが可能である。一覧を見ていくと，クリエイティブ・コモンズマークが表示されるデータもある。データ引用を推進する組織だけあって，コピー＆ペースト用の引用情報を APA，Harvard，BibTeX など8種類の形式で表示できる。

Elsevier は51,978件ヒット。うちデータリポジトリのデータは29,818件，論文リポジトリのデータは22,160件。このほかデータ形式，リポジトリ，日付で絞り込みが可能である。一覧表示画面では，図表などのデータやメタデータや

のプレビューが表示できる。

　Google は「100件以上の検索結果が見つかりました」(＝ヒット件数不明)。ランキングが絶妙で，まず Kaggle Datasets (データサイエンスや機械学習のプラットフォーム)，次いで Kaggle の面白そうなデータ (Pokémon for Data Mining and Machine Learning など) を4件，そして CERN の ATLAS ヒッグス粒子機械学習チャレンジからのデータセットと続く (検索した時は映画「名探偵ピカチュウ」の封切直後であった)。ただし絞り込みや並べ替えはできないため，適宜キーワードを検討して追加していくしかない。パーソナライズ検索が行われているかどうかは不明。別のネットワーク，別の地域にいる人にも検索してもらったが，似たようなランキングとなった。唯一スマートフォンに対応している。

3.2.2.4　タイトル検索

　データを検索する状況〈その2〉として，"引用文献などで知ったデータを探す"場合を想定した。具体的には DCI でよく引用されているデータを調べて，そのデータが無料の3ツールで検索できるどうかを試すことにした。

　まず，DCI で2019年から2020年までのデータセット，データ研究，ソフトウェアを検索して，それぞれ被引用数が多い順にソートした。上位5件を選択しようと考えたが，上位のデータは同じリポジトリに収録されていることが多いため，当該リポジトリを収録していない検索ツールはノーヒットばかりということになってしまう。そこで，1リポジトリにつき1件という条件でデータを選択した (データ研究のうち，DCI の書誌が不完全であった1件は除外して，次点のデータを検索対象とした)。

　3-2表に検索結果を示す。見出しは左から，DCI の順位，DOI の有無，各データベースのヒット状況，DCI の被引用数，Google Dataset Search の被引用数を示している。検索結果の10位以内に検索対象のデータが表示された場合はヒットしたとみなして，TI (タイトル検索) または TI-M (タイトル完全一致検索) と記した。なお，DCI のレコードとは別のリポジトリに登録されたデータであっても，内容が同じならばヒットとみなした。

　サンプル数は少ないが，改めてデータ引用の重要性を認識した。DOI が記されていれば容易に元データにアクセスできるが，ない場合は高被引用データ

3-2表 タイトル検索の結果

順位	DOI	DataCite	Elsevier	Google	Ci	G-Ci
dataset						
1	有*	TI-M	TI	TI	325	0
53				TI	121	0
91				TI-M	64	0
122					50	
134					47	
data study						
1				TI	643	298
4					268	
8		TI-M	TI	TI	206	6
13			TI		185	
52	有	TI-M	TI	TI	150	14
software						
1					527	
23	有	TI-M	TI		26	
99					6	
118	有	TI-M		TI	5	15
118	有	TI-M		TI	5	0
合計		6	5	8		

Ci=Data Citation Index 被引用数
G-Ci=Google Dataset Search 被引用数
TI= タイトル検索
TI-M= タイトル完全一致検索
*DOI 変更

であってもデータ検索ツールでみつけるのは（今のところ）難しそうである。
　また，収録データはツールによって異なり，被引用文献数は DCI と Google
で乖離がみられた。教科書的には"広範にデータを探す場合は，複数のツール
を併用する必要がある"と言わざるを得ないだろう。

3. 2. 2. 5　検索ツールへの期待

　本項で紹介したデータ検索ツールは随時データや機能を追加しており，いずれもフィードバックを受け付けている。データの発見と活用のために最適な検索ツールのあり方を，データの公開者や利用者を巻き込みながら，まさに「いま」検討している真っ最中という印象を受けた。

　オープンサイエンスの文脈では，研究データを市民が課題解決に利用したり，教育に活用することも期待されている。専門知識をもたない利用者であっても，望むデータを簡単に探せるようになることが，その実現を後押しするだろう。

3. 2. 2. 6　CiNii Research 登場！

　日本版研究データの検索ツールである CiNii Research[54]は，2020年11月6日からプレ版が公開され，2021年4月1日から本公開された。CiNii Research は研究データのみならず，論文，図書，博士論文，プロジェクト情報が検索可能であり，2022年4月には CiNii Article と統合された[55]。慣れ親しんだ CiNii のインターフェイスで多様な情報源とともに研究データを検索できることは，公開データの活用や研究データ共有を強力に推進するのではないだろうか。

3. 2. 3　研究データの信頼性：データの選択方法と質の向上

3. 2. 3. 1　「使えるデータ」をどう選ぶか

　前項では Google Dataset Search（ベータ版）など，研究データの検索ツールを概観した。近い将来，ユーザが求めるデータを自由自在に検索できるようになったとして，次のステップは「どのデータを選ぶか」という判断になるだろう。2015年の林・村山の論考[56]によれば，一部の分野ではデータ形式やリポジトリの標準が確立されており，質の管理が行われている。しかし，その他の分野ではデータの質や管理に差があり，専門外の利用にはリスクが伴うと指摘されている。この論考から4年が経過した2019年のいま，データの質に関する取り組みはどうなっているのだろうか。

　3-3表は，日本の研究者を対象として「公開データや論文を利用する際に信頼性の判断基準としている項目」を複数回答で尋ねた結果である[57]。これら

3-3表　データと論文の信頼性の判断基準

データ （n＝1,025）		論文 （n＝1,394）	
著者情報	71.5%	掲載雑誌	87.4%
研究手法の確かさ	63.3%	著者情報	66.9%
そのデータを用いた論文*	58.7%		
掲載リポジトリ	25.8%	研究手法の確かさ	64.6%
引用数	23.1%	引用数	34.4%
データにつけられた説明	21.6%	抄録	16.3%
ダウンロード数	5.3%	ダウンロード数	3.0%
オルトメトリクス	0.9%	オルトメトリクス	0.4%
その他	2.0%	その他	4.2%

*データのみの選択肢

　の項目に基づいて，本項の前半ではデータを選ぶ手段の，後半ではデータの質を高める事例の，「いま」と今後の展望について述べたい。

3.2.3.2　データを選ぶ手段
（1）データの関連情報
　データの信頼性を判断するための基準の第1位はデータの「著者情報（所属機関，職位など）」（71.5%），第3位は「そのデータを用いた論文」（58.7%）であった。残念ながらこれらの情報は，DataCite Search，Elsevier DataSearch，Google Dataset Search の検索結果からは直接参照することができない（2019年8月現在）。したがって，データが登録されているリポジトリにアクセスした上で，ORCID などの著者情報や論文へのリンクが貼られている場合は直接，リンクがない場合は別の手段で検索して参照するという手順を踏むことになる。
　一方，学術情報検索の新たな動きとして，著者情報や論文のみならず，引用やオルトメトリクスなどの異種データを横断検索するという構想やツールの開発が進んでいるという[58]。いずれ検索結果の一覧表示画面から，データに関連する多様な情報を直接引き出せるようになることを期待している。

（2）研究手法の確かさ

　第2位は「研究手法の確かさ」（63.3％）であった。一般的には論文にアクセスした上で，方法や考察などから判断すると考えられる。ここでは，ジャーナルのプラットフォーム上で研究手法の確かさを判断できると思われる事例を2件紹介する。

　データとコードつき論文の出版　　2012年に Wellcome Trust などによって創刊された *eLife* は，研究の再現性の向上を目指している。その取り組みの一環として，2019年2月に論文の「reproducible view」を実装した。3 - 8図は，論文中の図 B （①），元データのダウンロードリンク（②），及びプルダウンで表示される R のコードの一部（③）である。

　③のコードはウェブ上で直接実行することも変更することも可能である。つまり，査読者や読者は自身のデバイスにコードの実行環境を構築するといった手間をかけることなく分析結果の信頼性を確認することができる。

　データの生成過程の動画つき論文　　*Journal of Visualized Experiments* は，医学・生物学分野を中心とした査読付きのビデオジャーナルである。3 - 9図に示すように，論文に書かれたプロトコルをビデオデモンストレーションとして本文と併せて公開している。査読者や読者は実験の過程，すなわちデータの生成過程を動画で確認することができるため，信頼性の判断に資すると考えられる（ごまかすのは難しそうである）。

　この2誌は PubMed に収録されており，インパクトファクターも付与されているなど，一定の認知度があると考えられる。今後，研究の確かさを判断するための取り組みや新たな手段が，さまざまな雑誌にも実装されるようになるのではないだろうか。

3.2.3.3　データの質を高める取り組み

（1）リポジトリと研究データ管理

　本節の冒頭で林・村山の論考[59]でも述べられているように，一部の分野ではデータやデータの管理に関するデファクトスタンダードが存在する。たとえば，UK Data Archive のデータの品質保証（Quality Assurance）[60]や臨床研究データの品質評価（Data Quality Assessment）のフレームワークなど，データの質に関

c-Myc protein levels (Figure 1A). After removal of tetracycline, c-Myc levels increased over time approaching the levels observed in tetracycline-free conditions.

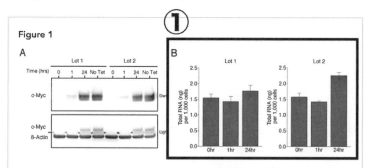

Figure 1

Induction of c-Myc in P493-6 cells and impact on total RNA levels.

P493-6 cells were grown in the presence of tetracycline (Tet) for 72 hr and switched into Tet-free growth medium to induce c-Myc expression. Cells were cultured in two separate lots of serum. (A) Representative Western blot using an anti-c-Myc antibody (top panels) or an anti-ß-Actin antibody (bottom panel). Two exposures of the anti-c-Myc antibody are presented to facilitate detection of c-Myc. (B) Quantification of total RNA levels (ng of total RNA per 1,000 cells) for cells at 0, 1, and 24 hr after release from Tet. Means reported and error bars represent s.e.m. from three independent biological repeats. For serum lot one, one-way ANOVA on total RNA levels of all groups; $F_{(2, 6)}=1.25$, $p=0.353$. Planned contrast between 0 hr and 24 hr; $t(6) = 1.02$, $p=0.347$ with *a priori* alpha level = 0.05. For serum lot two, one-way ANOVA on total RNA levels of all groups; $F_{(2, 6)}=21.87$, $p=0.00176$. Planned contrast between 0 hr and 24 hr; $t(6) = 5.03$, $p=0.0024$ with *a priori* alpha level = 0.05. Additional details for this experiment can be found at https://osf.io/tfd57/.

NOTE: Below is a reproducible version of Figure 1B. You can inspect the code, make changes and run the code by pressing SHIFT+ENTER. The data used can be downloaded here.

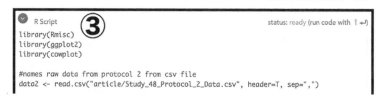

```
R Script                                              status: ready (run code with ⇧ ↵)
library(Rmisc)
library(ggplot2)
library(cowplot)

#names raw data from protocol 2 from csv file
data2 <- read.csv("article/Study_48_Protocol_2_Data.csv", header=T, sep=",")
```

3-8図　論文中の図・データ・コード[*4]

＊4 ：https://repro.elifesciences.org/example.html,（accessed 2019-08-06）参照。元論文は，Lewis, L. M., et al. Replication study: Transcriptional amplification in tumor cells with elevated c-Myc. eLife, 2018, vol.7, e30274. https://doi.org/10.7554/eLife.30274,（accessed 2019-08-06）.

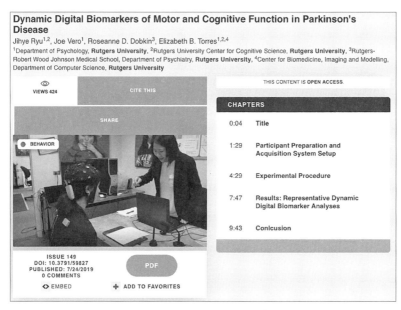

3-9図　ビデオ論文の例[*5]

する基準が検討され，共有されている。「掲載リポジトリ」（25.8%）を信頼性の判断基準にしている回答者の存在が，その証左であるといえよう。

　データの信頼性や質が話題に上るとき，しばしば「機関リポジトリが質管理の役割を果たせるのではないか」という意見が出される。国立情報学研究所によるオンラインコース「オープンサイエンス時代の研究データ管理」[61]（4.3.3.3参照）が開講されるなど，機関リポジトリの担当者が研究データ管理を支援するための教材が開発されている。データの内容や正しさまでは担保できないとしても，データやメタデータの標準を示したり，データを登録する際にこれらの標準に準拠しているかどうかを確認することが可能になり，もってデータの質の向上に寄与できるのではないだろうか。

＊5：Ryu, J. et al. "Dynamic digital biomarkers of motor and cognitive function in Parkinson's disease". Journal of Visualized Experiments. 2019-07-24, e59827, https://doi.org/10.3791/59827, (accessed 2022-08-01).

（2）データの査読

論文の1位が「掲載雑誌」（87.4%）であるのは，掲載誌のピアレビューに対する信頼であると考えてよいだろう。一部の雑誌では，論文に用いたデータの査読を実施している。たとえば，王立化学会の査読者用ガイドライン[62]では，全ての電子補足資料を確認するよう求めており，専門家に確認を依頼することもできるとしている。また，*Scientific Data*（Springer Nature）や *Data in Brief*（Elsevier）といったデータジャーナルは，データを査読対象とした上でデータ論文とともに出版している[63]。

しかし，佐藤が指摘しているように，研究者数と論文数の急激な増加によって査読制度は限界を迎えつつある[64]。その上さらにデータの査読を行うのは負担が大きく，出版までに追加の時間を要することになってしまう（現状でも出版までの時間に不満を抱く研究者は多いのに……）。

データ査読の次善の策として，データ公開後のオープンな査読，あるいはコメントが有効かもしれない。Waaijers の調査[65]によれば，自然科学・工学，社会科学・人文学，生命科学のいずれの分野においても，データの再利用者によるコメントが，データの質管理に有用であると考えられているという。論文の公開後に研究者がコメントを追加できる，F1000Research[66]や PubPeer[67]などの事例が参考になると考えられる。

データ公開の将来的な展望として，異分野のデータを統合して新たな価値を生み出すことが期待されている。信頼できるデータが増加し，データの検索や取捨選択のコストが低減することによって，こうした将来像に近づくことができるのではないだろうか。

3.2.3.4 データ収集前のプロセスを評価する Registered Reports

研究は，必ずしも思いどおりの結果が得られるとは限らない。論文として発表されるのは，研究課題や仮説に肯定的なデータに基づく結果であるが，否定的な結果であっても学術界にとっては有用である（同じ失敗を繰り返さずに済み，研究助成金や研究時間が節減できる）。そこで，Nature Research は2019年から *Nature Human Behaviour* で研究のデザインや方法論を記述した「プロトコル」

と解析計画を査読して出版する「Registered Reports（査読付き事前登録研究論
文）」を開始した。Registered Reports が採択された場合，否定的な結果であ
ったとしても論文の出版が確約される。同様の取り組みは，多分野の約200誌
が採用しているという[68]。

　研究者にとっては，データ収集前にプロトコルの不備を修正できる点や，た
とえ否定的な結果であったとしても論文として出版できる点がメリットとなる。
データを利用する立場からすると，査読を経たデータの収集プロセスを知るこ
とによって，より厳密にデータの信頼性を判断することができる。さらに，良
い結果をもたらした方法を援用することもできるし，うまく行かなかった方法
を修正して新たな研究に活かすことも可能だろう。研究成果として，論文のみ
ならずその根拠となるデータを公開するだけではなく，データの作成プロセス
をも公開する取り組みが一部の分野で始まっている。研究の透明性や効率性の
向上などの効果につながるのかどうか，今後も注目していきたい。

引用・参考文献

1：Sheehan, Jerry. "Making Federal Research Results Available to All". White House
　　Blog. 2017-01-09. https://obamawhitehouse.archives.gov/blog/2017/01/09/
　　making-federal-research-results-available-all, (accessed 2022-08-01).

2：European Council. "EU action plan for Open Science". New Europe. 2016-04-06.
　　https://www.neweurope.eu/press-release/eu-action-plan-for-open-science/, (ac-
　　cessed 2018-04-23).

3：国立情報学研究所オープンサイエンス基盤研究センター. https://rcos.nii.ac.jp, （参
　　照 2023-01-20）.

4：青池亨.「デジタルアーカイブ」と「研究データ」の出会い〈報告〉. カレントアウ
　　ェアネス -E. 2017-12-21, no.339, E1983, https://current.ndl.go.jp/e1983, （参照
　　2022-08-01）.

5：大澤剛士. オープンデータがもつ「データ開放」の意味を再考する：自由な利用と
　　再利用の担保に向けて. 情報管理. 2017, vol.60, no.1, p.11-19.

6：Sewell, Claire. "3. Research Data Management". The No-nonsense Guide to Re-
　　search Support and Scholarly Communication. Facet Publishing, 2020, p.17-41.

7：本章では management を「マネジメント」と「管理」の二通りに訳出している。

「データマネジメントプラン」という訳語は科学技術振興機構（JST）などの方針に，「研究データ管理」という訳語は国立情報学研究所（NII）の MOOC（https://www.nii.ac.jp/service/jmooc/rdm/）に準じた。

8 ： Borghi, John A. et al. "Support your data: A research data management guide for researchers". Research Ideas and Outcomes. 2018-05-09, vol.4, e26439, https://doi.org/10.3897/rio.4.e26439, (accessed 2022-08-01).

9 ： Aoki, Takaaki. "研究データマネジメントルーブリック（Research Data Management rubric)". GitHub. 2019-01-09. https://github.com/kyoto-u/rdm_rubric/blob/master/rubric.md, (accessed 2022-08-01).

10 ： 南オーストラリアの University of Adelaide, Flinders University, University of South Australia による研究支援ベンチャー（https://www.thedigitalembassy.co/projects/ersa/)。

11 ： eRSA. "Data management checklist". Wayback Machine. https://web.archive.org/web/20180724103934/https://www.ersa.edu.au/data-management-checklist/, (accessed 2023-01-20).

12 ： Rans, Jonathan; Whyte, Angus. "Using RISE, the Research Infrastructure Self Evaluation Framework". DCC. 2017-01-27, http://www.dcc.ac.uk/resources/how-guides/RISE, (accessed 2022-08-01).

13 ： "How Open is Your Research? A Checklist for Institutions. SPARC Europe". https://sparceurope.org/what-we-do/open-access/sparc-europe-open-access-resources/open-research-checklistinstitutions/, (accessed 2022-01-20).

14 ： 前掲注10参照。

15 ： 大学 ICT 推進協議会（AXIES）. 大学における研究データポリシー策定のためのガイドライン. 2021-07-01, 70p., https://rdm.axies.jp/sig/70/, （参照 2022-08-01）.

16 ： 内閣府. 統合イノベーション戦略2021. 2021, 113p, https://www8.cao.go.jp/cstp/tougosenryaku/togo2021_honbun.pdf, （参照 2022-08-01）.

17 ： オープンアクセスリポジトリ推進協会（JPCOAR）研究データ作業部会. "研究データ管理サービスの設計と実践：第2版". JPCOAR. 2021, https://jpcoar.repo.nii.ac.jp/records/607, （参照 2022-08-01）.

18 ： 吉田幸苗ほか. "研究者のための研究データマネジメント". オープンアクセスリポジトリ推進協会（JPCOAR）. 2020, https://jpcoar.repo.nii.ac.jp/records/294, （参照 2022-08-01）.

19 ： 池内有為, 林和弘. 日本の研究機関における研究データ管理（RDM）の実践状況：オープンサイエンスの実現に向けた課題と展望. STI Horizon, 2022, vol.8, no.1, p.50-55, https://doi.org/10.15108/stih.00287, （参照 2022-08-01）.

20 ： Jones, Sarah. How to Develop a Data Management and Sharing Plan. Digital Curation Centre. 2011, 8p. http://www.dcc.ac.uk/sites/default/files/documents/

publications/reports/guides/How%20to%20Develop.pdf, (accessed 2022-08-01).

21：Strasser, Carly. 研究データ管理. 機関リポジトリ推進委員会訳. 2016, p.5, http://id.nii.ac.jp/1280/00000195/, (参照 2023-01-20).

22：NBDC 研究チーム. "データ共有の基準としての FAIR 原則". NBDC. 2018, http://doi.org/10.18908/a.2018041901, (参照 2022-08-01).

23：European Commission. H2020 Programme: Guidelines on FAIR Data Management in Horizon 2020 (ver.3.0). 2016-07-26, 12p., http://ec.europa.eu/research/participants/data/ref/h2020/grants_manual/hi/oa_pilot/h2020-hi-oa-data-mgt_en.pdf, (accessed 2022-08-01).

24：Grootveld, Marjan et al. "OpenAIRE and FAIR Data Expert Group survey about Horizon 2020 template for Data Management Plans (Version 1.0.0) [Data set]". Zenodo. 2018-01-09, http://doi.org/10.5281/zenodo.1120245, (accessed 2022-08-01).

25：DMPTool. https://dmptool.org/, (accessed 2023-01-20).

26：DMPonline. https://dmponline.dcc.ac.uk, (accessed 2023-01-20).

27：前掲注24。

28：#activeDMPs. https://activedmps.org, (accessed 2023-01-20).

29：Miksa, Tomasz et al. Ten simple rules for machine-actionable data management plans (preprint). Zenodo. 2018. http://doi.org/10.5281/zenodo.1434938, (accessed 2022-08-01).

30："GPG Summary of Changes". National Science Foundation. 2013-1, https://www.nsf.gov/pubs/policydocs/pappguide/nsf13001/gpg_sigchanges.jsp, (accessed 2023-01-20).

31："データガバナンス機能", 国立情報学研究所オープンサイエンス基盤研究センター. https://rcos.nii.ac.jp/service/dmp/, (参照 2022-01-20).

32：文部科学省. "著作権法の一部を改正する法律案". WARP. https://warp.da.ndl.go.jp/info:ndljp/pid/11402417/www.mext.go.jp/b_menu/houan/an/detail/1401718.htm, (参照 2023-01-20).

33：経済産業省. 「不正競争防止法等の一部を改正する法律案」が閣議決定されました". WARP. https://warp.da.ndl.go.jp/info:ndljp/pid/11646345/www.meti.go.jp/press/2017/02/20180227001/20180227001.html, (参照 2023-01-20).

34：中川隆太郎. CC4.0時代のオープンデータとライセンスデザイン. 情報の科学と技術. 2015, vol.65, no.12, p.509-514.

35：生貝直人. デジタルアーカイブに関連する法政策の状況と今後の論点. デジタルアーカイブ学会誌. 2017, vol.1, no.1, p.32-34.

36：Tallon, Loic. Creating access beyond metmuseum.org: The Met collection on Wikipedia. The MET. 2018-02-07. https://www.metmuseum.org/blogs/now-at-the-met/2018/open-access-at-the-met-year-one, (accessed 2022-08-01). ※ Wikipedia

に画像を追加したことで，ますます利用が増えているとのことである。

37：池内有為，林和弘．研究データ公開と論文のオープンアクセスに関する実態調査：オープンサイエンスの課題と展望．STI Horizon．2017，vol.3，no.4，p.27-32．

38：Creative Commons UK．"Fact Sheet on Creative Commons & Open Science"．Zenodo．2017-08-09．https://doi.org/10.5281/zenodo.840652，(accessed 2022-08-01)．

39：前掲注38。

40：Joint Declaration of Data Citation Principles．FORCE11．https://doi.org/10.25490/a97f-egyk，(accessed 2023-01-20)．

41："Data Citation"．Elsevier．https://www.elsevier.com/about/open-science/research-data/data-citation，(accessed 2022-08-01)．

42："C2 研究データのライセンス条件を考える：産官学ラウンドテーブル（研究データ利活用協議会ライセンス検討小委員会)"．Japan Open Science Summit．https://joss.rcos.nii.ac.jp/2018/session/0618/?id=se_94，（参照 2023-01-20)．

43：Blockchainify your research data!．Max Plank Digital Library．2018．https://www.mpdl.mpg.de/ueber-uns/nachrichten/469-blockchainify-your-research-data.html，(accessed 2023-01-20)．

44：Maxmen, Amy．AI researchers embrace Bitcoin technology to share medical data．Nature．2018，vol.555，p.293-294．

45：研究データライセンス小委員会．研究データの公開・利用条件指定ガイドライン．研究データ利活用協議会．2019，32p．https://doi.org/10.11502/rduf_license_guideline，（参照 2022-08-01)．

46：南山泰之．"研究データの公開・利用条件指定ガイドラインの策定"．カレントアウェアネス -E．2020-04-23，no.389，E2550，https://current.ndl.go.jp/e2250，（参照 2022-08-01)．

47：Data Citation Index．https://clarivate.com/ja/solutions/data-citation-index/，(accessed 2023-01-20)．

48：福山樹里．DataCite：国立図書館 × DOI × 研究データ．カレントアウェアネス，2015，no.324，p.8-11．http://doi.org/10.11501/9396324，（参照 2022-08-01)．

49：DataCite (Search)．https://search.datacite.org，(accessed 2022-08-01)．

50：Data Monitor．https://www.elsevier.com/solutions/data-monitor，(accessed 2022-12-24)．※ Elsevier DataSearch は，2021年7月に Mendeley Data Platform の一部である Data Monitor に統合された。

51：Google Dataset Search beta．https://toolbox.google.com/datasetsearch，(accessed 2022-08-01)．

52：DataCite Statistics．https://stats.datacite.org，(accessed 2022-08-01)．

53：船守美穂．"グーグル，オープンデータのための検索エンジンを発表"．国立情報学研究所オープンサイエンス基盤研究センター．2018-09-08．https://rcos.nii.ac.jp/

miho/2018/09/20180908/，（参照 2022-08-01）．

54：CiNii Research. https://cir.nii.ac.jp/，（参照 2022-08-01）．

55："CiNii Articles の CiNii Research への統合について". CiNii Research. https://support.nii.ac.jp/ja/news/cir/20210706，（参照 2022-08-01）．

56：林和弘，村山泰啓．オープンサイエンスをめぐる新しい潮流（その3）：研究データ出版の動向と論文の根拠データの公開促進に向けて．科学技術動向．2015，vol.148，p.4-9，http://www.nistep.go.jp/wp/wp-content/uploads/NISTEP-STT148J-4.pdf，（参照 2022-08-01）．

57：池内有為，林和弘，赤池伸一．研究データ公開と論文のオープンアクセスに関する実態調査．文部科学省科学技術・学術政策研究所，2017，NISTEP RESEARCH MATERIAL，no.268，108p．https://doi.org/10.15108/rm268，（参照 2022-08-01）．

58：宮入暢子．"異種データの横断検索・分析ツールが切り拓く可能性"．figshare. 2019-07-05．https://doi.org/10.6084/m9.figshare.8787272.v1，（参照 2022-08-01）．

59：前掲注56。

60：例 "Quality Assurance". UK Data Archive. https://www.ukdataservice.ac.uk/manage-data/format/ quality.aspx，(accessed 2019-08-06)．

61：古川雅子．MOOC で学ぶオープンサイエンス時代の研究データ管理支援．図書館雑誌．2018，vol.112，no.10，p.665-667．

62："Reviewer responsibilities: Reviewer procedure and policies". Royal Society of Chemistry. http://www.rsc.org/journals-books-databases/journal-authors-reviewers/reviewer-responsibilities/，(accessed 2022-08-01)．

63：南山泰之．データジャーナル：研究データ管理の新たな試み．カレントアウェアネス．2015，no.324，p.19-22．https://doi.org/10.11501/9497651，（参照 2022-08-01）．

64：佐藤翔．査読の抱える問題とその対応策．情報の科学と技術．2016，vol.66，no.3，p.115-121，https://doi.org/10.18919/jkg.66.3_115，（参照 2022-08-01）．

65：Waaijers, Leo. Quality of research data, an operational approach. D-Lib Magazine. 2011, vol.17, no.1/2, https://doi.org/10.1045/january2011-waaijers, (accessed 2022-08-01)．

66：F1000Research. http://f1000research.com，(accessed 2019-08-06)．

67：PubPeer. https://pubpeer.com，(accessed 2019-08-06)．

68：研究のプロセスも高く評価する論文形式．Nature ダイジェスト．2019，vol.16，no.10，https://doi.org/10.1038/ndigest.2019.191041，(accessed 2023-01-20)．

4章

学術コミュニケーションを支える オープンなインフラ

4.1　プレプリント

4.1.1　進化するプレプリントの風景

4.1.1.1　注目を集めるプレプリント

　プレプリント，すなわち学術雑誌への掲載に先行する査読前の論文をインターネット上で公開，流通させるためのプラットフォームであるプレプリントサーバは，1991年に米国ロスアラモス研究所の Paul Ginsparg が立ち上げた LANL preprint archive を嚆矢とする。従来，プレプリントサーバは物理学，数学，経済学等の限られた分野において，学術コミュニケーションのチャネルの一つとして活用されてきた。ところが近年，とりわけ2016年以降，他の多くの分野でもプレプリントサーバの設立が相次ぎ，この現象は「プレプリントサーバの第二の波」と呼ばれている。また，こうした動きを受けて，プレプリント及びプレプリントサーバにより，伝統的な学術雑誌に依存する学術情報流通のシステムを変革しようというさまざまな提案がなされている。

　本節では，こうしたプレプリントサーバの隆盛と，それを背景とした新たな学術論文出版システムの構築を目指した取り組みについて取り上げたい。

4.1.1.2　プレプリントとプレプリントサーバの簡単な歴史

　1961年，米国国立衛生研究所は，生物学分野のプレプリントの流通のために設計された情報交換グループ（IEGs：Information Exchange Groups）と呼ばれるプログラムを立ち上げた。IEGs は3,600名以上の参加者を集め，2,500本以上の

プレプリントを収集したが，プレプリントとして配布された論文の受け入れを学術出版者が拒否したため，1967年に閉鎖された[1]。

　その後1991年に，米国ロスアラモス国立研究所の Paul Ginsparg は，物理学分野のプレプリントサーバである LANL preprint archive を立ち上げた。物理学分野の研究者は，それまで紙のプレプリントを郵送し合うことで，インフォーマルなコミュニケーションを確立していたが，このプレプリントサーバの誕生により，インターネットを通じて情報共有が大幅に効率化されることとなった[2]。LANL preprint archive は，現在は arXiv という名称でコーネル大学が運営しており，物理学分野の他にも，数学，コンピュータ科学，非線形科学，定量生物学，数量ファイナンス，統計分野等を対象に，ウェブ上で誰もが自由にプレプリントを共有することができる[3]。

　また，1994年には社会科学系のプレプリントサーバである SSRN（Social Sciences Research Network）[4]が立ち上がり，続いて1997年には，経済学分野のRePEc（Research Papers in Economics）[5]が活動を開始した。以上がプレプリントサーバの第一波と呼ばれる動きである。

4.1.1.3　第二の波

　第一の波以降，2013年に生物学分野のプレプリントサーバである bioRxiv[6]と PeerJ Preprints[7]が始まったことを除くと，プレプリントサーバに関しては特筆すべき動きは見られなかったが，その状況は2016年に一変した。4‑1図は，世界のプレプリントサーバの数をその開始年で集計したグラフであるが，2016年以降，さまざまな学問分野や地域に根ざしたプレプリントサーバの設置が相次いでいる。実に，全体の70％を超えるサーバが2016年以降に活動を開始したものである。このプレプリントサーバの隆盛が第二の波と呼ばれている現象である[8]。

　サーバ数の増加と同時に，サーバ上で公開されるプレプリントの数も急増しており，例えば，LANL preprint archive の後継サーバである arXiv への論文投稿数は，2012年には約84,000本だったが[9]，毎年増加し，現在は200万件を超えている（2022年3月13日時点）。また，2015年頃から，bioRxiv に投稿される生物学分野のプレプリントの数が大幅に増加している[10]。

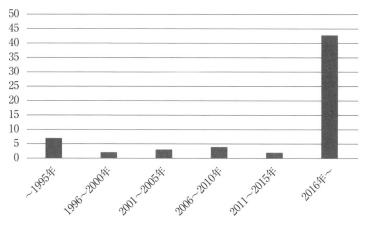

4-1図　プレプリントサーバ数（開始年による集計）[*1]

4.1.1.4　第二波はなぜ起こったのか

（1）研究者にとっての利点

　研究者にとって，プレプリントは次のような利点を持っている[11]。

　①研究の早期段階の成果をより多くの研究者に対して配信することができる。

　②特にキャリアの浅い研究者や，新規の分野に移ってきた研究者は，研究成果の可視性を高めることができる。

　③幅広い研究コミュニティからのフィードバックを得ることができる。

　④発見とアイディアのプライオリティ（先取権）を確立することができる。

　⑤研究コミュニティ内で共有とコミュニケーションの文化を醸成する。

　⑥著者は無料で成果を公表し，一方，読者も無料で読むことができる。

　こうしたメリットが幅広い分野の研究者に認知されるようになったことが，第二波の前提となっているのではないか。

（2）プラットフォームの普及

　米国の非営利団体 Center for Open Science（COS）[12] が開発した Open Science Framework（OSF）[13] は，研究プロジェクトの活動を管理するためのオー

＊1：4-1図は，Martyn Rittman が提供するデータを参考に集計した（https://docs.google.com/spreadsheets/d/17RgfuQcGJHKSsSJwZZn0oiXAnimZu2sZsWp8Z6ZaYYo/edit,（参照 2021-12-01）.）。

プンソースであるが，プレプリントを登録し，発信するサーバとしての機能も備えている。2016年以降に設置されたプレプリントサーバの約半数は OSF をプラットフォームとして利用しており，COS のプレプリント支援活動も，第二波を引き起こした要因の一つとなっている。

（3）出版者と学術雑誌のポリシーの変化

New England Journal of Medicine の編集主幹であった Franz Ingelfinger が定めた「インゲルフィンガー・ルール」[14]に代表されるように，多くの学術雑誌は，プレプリントとして発表された論文を先行出版と見做し，投稿受付を拒否することが一般的であった。しかしながら，現在では，プレプリントとして発表された論文の投稿を認める方針を示す出版者や学術雑誌が大半を占めているようである[15]。論文の投稿受付から出版までには，編集，査読，校正，組版といった数々のプロセスを経なければならないので，どうしても時間がかかる。このような遅延に対する著者の不満を解消するためにプレプリントサーバとの共存の道を選ぶ出版者や学術雑誌が増えているのではないかと推測される。こうした変化もプレプリントやプレプリントサーバの隆盛をもたらした要因の一つとして挙げることができよう。

4.1.1.5　新たな風景

第二波の到来とともに，プレプリントやプレプリントサーバの周辺では，学術論文出版システムの変革を迫るような新たな動きが活発化している。以下に代表的な動向を紹介する。

（1）オーバーレイジャーナル

オーバーレイジャーナルとは，LANL preprint archive の創設者である Paul Ginsparg が最初に提唱[16]したものであり，プレプリントのコレクションの上位レイヤに査読の仕組みを持つ仮想的な学術雑誌である。オーバーレイジャーナルは自ら論文ファイルを持つことはなく，プレプリントサーバ等に蓄積された論文へのリンク情報のみを保持する。

このタイプの学術雑誌の一例としては，コーネル大学の arXiv に投稿されたプレプリントに基づいたオーバーレイジャーナルである *Discrete Analysis*[17]を挙げることができる。また，*Episciences*[18]は，arXiv やフランスの国立リポ

ジトリである HAL[19]の上に構築されたサービスであり，複数のオーバーレイ
ジャーナルをホストしている。

　また，オープンアクセスリポジトリ連合（COAR：Confederation of Open Ac-
cess Repositories)[20]は，2019年 9 月に次世代リポジトリの具体的な姿を示すフレ
ームワークである Pubfair を世に問い[21]，2019年11月にはパブリックコメント
を反映した第 2 版を公表した[22]。Pubfair は，ネットワーク化された分散リポ
ジトリ群から構成されるコンテンツ層の上に，出版や配信のサービスが付加さ
れるフレームワークを提案している。これも，リポジトリを基盤としたオーバ
ーレイジャーナルの一種と考えることができよう（Pubfair については，本書のコ
ラム「「次世代リポジトリ」のヴィジョンのその後」も参照されたい）。

（2）University Journals

　University Journals（UJ)[23]はアムステルダム大学等のヨーロッパの14の大学
が共同で進めているプロジェクトで，オランダの PICA 財団が助成している。
これは，機関リポジトリという大学が持つインフラを最大限に活用し，現在の
学術雑誌システムに代わる新たな学術出版エコシステムを構築しようという試
みである。その仕組みはおおよそ次のようになるようだ。

- まず，研究者は，大学の機関リポジトリを介して，UJ プラットフォー
  ムに論文（プレプリント）を投稿する。
- 投稿された論文は，大学による質の審査を受ける。
- 受理された論文は組版され，DOI（デジタルオブジェクト識別子）を付与
  され，国際的な索引データベースに登録される。
- UJ プラットフォームは，コメントオプションを提供することにより，
  出版後査読もサポートする。

（3）F1000Research

　F1000Research[24]は，F1000（Faculty of 1000）が提供するオープンリサーチ出
版システムである。このシステムを使った論文出版の流れは次のようになる。

- 研究者はプレプリントとエビデンスのデータ等をシステムに投稿する。
- 投稿後 7 日で，論文とそれに付随するデータが公開される。ただし，こ
  の段階ではまだ査読を受けていないので，「査読待ち」というラベルが
  付く。

- 次に，オープンな査読を受け，査読に通ると査読済み論文として正式に登録され，各種の文献データベースにも採録される。

　F1000Research は，いわばプレプリントサーバとオープンな査読を組み合わせたサービスであり，イギリスの Wellcome 財団，ビル・ゲイツの Bill & Melinda Gates Foundation（ゲイツ財団），アイルランドのヘルス・リサーチ・ボードといった研究資金配分機関が，このプラットフォームを使用して，自らが助成した研究成果の公開を進めている[25]。

（4）学術出版者の動き

　出版者もプレプリントに注目し，さまざまな取り組みを始めている。例えば，Elsevier は2016年に社会科学系プレプリントサーバ SSRN を買収した。その後 SSRN は拡大を続け，65を超える分野の約68万人の研究者の約110万本の論文を公開している（2021年12月1日現在）。また，Springer Nature も，Research Square と共同して In Review[26]というシステムの開発を進めている。このシステムは，論文投稿・査読システムを著者と研究者コミュニティに開放することを目指しており，In Review を使う著者は，プレプリントの段階から論文を公開することで，他の研究者からの幅広いフィードバックを得ることができ，かつ共同研究の機会を増やすこともできる。また，原稿の査読の状況をトレースすることもできる。さらに，Taylor & Francis グループは，2020年1月に F1000Research を買収し[27]，対象分野を全分野に拡大したと発表した[28]。

　一方，プレプリントサービスに乗り出す学会も増えつつあり，米国化学会は，2016年8月に化学分野のプレプリントサーバである ChemRxiv[29]を構築する意向を表明した。その後，英国王立化学会，ドイツ化学会，中国化学会，日本化学会が相次いで共同運営に加わり，6,300本を超えるプレプリントが掲載され，累積ダウンロード数も約，1,600万件に達している（2021年2月25日現在）。ChemRxiv は "Direct Journal Transfer" という機能を備えており，提携学会が刊行する学術雑誌へ簡易にプレプリントを投稿することができる。また，米国電気電子学会は2019年10月に工学・技術・コンピュータサイエンスの関連分野向けプレプリントサーバである TechRxiv[30]を立ち上げた。

　以上の動向から，研究ワークフローのより上流で，質の高い論文（プレプリント）をいち早く獲得しようという競争が，学術出版者間で激しさを増してい

ることが見て取れる[31]。

4.1.1.6 今後の展望

　プレプリントとプレプリントサーバは，これまではあくまで学術雑誌を補完する役割を果たしてきたが，第二の波の到来により，学術雑誌を駆逐してしまうのだろうか？　Knowledge Exchange の調査報告書『学術コミュニケーションの加速：プレプリントの変革的役割』[32]は，プレプリントの将来のシナリオを次の三つに要約している。

　　①現在の第二の波の潮目が変わり，もともと使われていた arXiv や
　　　RePEc のみが生き残る。
　　②いくつかの分野で新たにプレプリントが確固たる地位を獲得する。
　　③ほとんどの分野でプレプリントが受け入れられる。そして，短中期的に
　　　は②のシナリオになると想定されるものの，長期的には①か③に収斂し
　　　ていくと予測している。

　他方，第二の波の発生に貢献した COS は，2020年からプレプリントサーバに対して，投稿数に応じた利用料の徴収を始め，その影響を受けて INARxiv 等の複数のサーバが閉鎖に追い込まれた[33]。こうした状況に鑑み，資金が豊富な研究機関や大手の出版社や学協会が運営するプレプリントサーバ以外は生き残りが難しい時代になりつつあるとも言われている[34]。

　いずれにしても，学術情報流通をめぐる昨今のさまざまな動きのなかで，プレプリント及びプレプリントサーバはまさに台風の目のような存在となっていることは間違いない。プレプリントが見せてくれる新たな風景にこれからも注目していきたい。

4.1.2　オープンサイエンスの効果と課題：新型コロナウイルス及び COVID-19に関する学術界の動向

4.1.2.1　地球規模の課題とオープンサイエンスの取り組み

　オープンサイエンスの効果はさまざまに論じられてきた。たとえば経済協力開発機構（OECD）の報告書[35]では，科学研究の効率化，研究の透明性や質の

向上，技術革新の加速，経済への波及効果，地球規模の課題への取り組み，共同研究の推進などが挙げられている。

　折しも2019年12月以降，新型コロナウイルス（SARS-CoV-2，執筆時点の仮称は2019-nCoV）の感染が世界中に拡大して「地球規模の課題」となっている。2020年1月30日には世界保健機関（WHO）が国際的な緊急事態であると宣言した[36]。これに対して各国・地域の研究者，助成機関，学術出版社といったステークホルダーが最新の研究成果の公開と再利用を進めて対策にあたるという，まさに「オープンサイエンス」というべき動きが起きている。そこで本項は新型コロナウイルスに関する学術界の動向を概観した上で，今回の事例におけるオープンサイエンスの効果と課題について考察したい。なお，本項の記述は単行本化にあたって末尾に追記した4.1.2.5を除き，2020年2月6日時点の情報に基づいている。ただし，ウェブサイトの情報等は2022年12月時点の最新版に改めた。

4.1.2.2　新型コロナウイルスに関する研究成果の公開と再利用
（1）研究成果の迅速な共有を目指す取り組み

　研究者にとって論文は研究成果を公開し，先取権を確保するためのツールである。また，評価，採用，昇進，研究資金の配分などにも関わる重要な業績でもある。したがって，論文の出版前にその根拠となる研究データや成果を公開することは——論文の投稿時に新規性が認められない可能性や他の研究者に公開したデータを用いて論文を出版されてしまう可能性があるため——難しい。しかし，これまでもジカ熱やエボラ出血熱といった感染症の国際的な流行に対処するために取り決めを結び，論文出版前に研究データや成果を公開したとしても，賛同する出版社や雑誌で論文を出版する際には問題としないこととされてきた[37]。そしてWHOや公衆衛生関係者をはじめ，誰もが最新の研究成果を利用できるよう共有されてきた[38]。

　新型コロナウイルスに関する研究成果についても，迅速かつ幅広く共有するという声明[39]が，2020年1月31日に英国のWellcome財団（Wellcome Trust）のウェブサイト上で公開された。現在，助成機関，学術出版社，学術リポジトリなど90以上の団体が署名している。以下では，実際に公開された研究成果や学

術出版社の取り組みを紹介する。

（2）塩基配列データ

　国際的な塩基配列のデータベースである GenBank には，1月12日から新型
コロナウイルスの塩基配列データが登録されている。1月31日に米国国立医学
図書館（NLM）は，「新型コロナウイルスデータのハブ」[40]を公開して，Gen-
Bank に登録されたデータ一覧の提供を開始した。リストによれば，1月12日
から31日までに登録されたヌクレオチドデータは30件，タンパク質データは
181件であった。そして2月6日現在，ヌクレオチドデータは45件，タンパク
質データは275件まで増加している。

（3）プレプリント

　生物学分野のプレプリントサーバである bioRxiv には，1月19日から31日ま

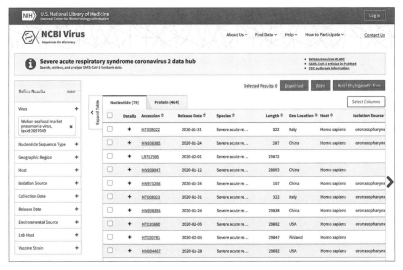

4-2図　NLM「新型コロナウイルスデータのハブ」*2

＊2："SARS-CoV-2 Data Hub". National Center for Biotechnology Information.
https://www.ncbi.nlm.nih.gov/labs/virus/vssi/#/virus?SeqType_
s=Nucleotide&VirusLineage_ss=Wuhan%20-seafood%20market%20pneu-
monia%20virus,%20-taxid:2697049, (accessed 2022-12-27). ※2022年12月27日現在，
ヌクレオチドデータは6,572,895件，タンパク質データは37,614,819件まで増加している。

でに31本の新型コロナウイルスに関連するプレプリントが登録された。そして
2月6日現在，39本まで増加している。データの公開から，データを再利用し
た成果の公開に至るスピードは速い。たとえば Dong らは，1月12日に Gen-
Bank に登録されたデータ[41]を用いた分析結果を1月22日にプレプリントとし
て公開した[42]。なお，後述するように既に撤回されたプレプリントも登場して
いる。

（4）論文と学術出版社

　査読を経た論文は，プレプリントと比較すると（当然のことながら）公開まで
のスピードがやや落ちる。1月24日から2月6日現在までで，医学雑誌 *Lan-
cet* には5本の原著論文と3本の短報（correspondence）が[43]，*New England
Journal of Medicine* には3本の原著論文と2本の短報が掲載された。

　2.1で触れた「新型コロナウイルス（nCoV）の発生に関する研究データと発
見の共有」[44]声明に賛同する Wiley[45]，Taylor & Francis[46]，Springer Nature[47]
などの商業学術出版社は，それぞれ新型コロナウィルスに関する専門ページを
設け，関連論文や解説記事を集約している。各出版社は，期間限定で論文をオ
ープンアクセスにして研究や報告書への利用を認めるとしている。また，かね
てより研究成果の早期共有を呼びかけていた[48]Springer Nature は，同社のプ
レプリントプラットフォームである In Review[49]を用いた投稿を強く推奨して
いる（4-3図）[50]。

（5）サンプル等

　日本の国立感染症研究所（NIID）は，1月31日に新型コロナウイルスの分
離[51]に成功し，試験研究に利用する研究機関等に分与すると発表した。2月中
旬から医薬基盤・健康・栄養研究所（NIBIOHN）が細胞株の提供を開始すると
いう[52]。なお，NIID の公式ウェブサイトに掲載している新型コロナウイルス
の電子顕微鏡写真や細胞変性などの画像は，"商業目的や出版目的でない場合
に限って"誰でも使用できるとしている。

　中国では，1月29日に電子商取引サイトを運営するアリババグループ（阿里
巴巴集団）のクラウド部門が，新型コロナウイルスの拡散を防ぐことを目的と
して，各国の研究機関に AI（人工知能）技術やツールを無償で提供すると発表
した。翌1月30日には，サーチエンジンを提供するバイドゥ（百度）が，Lin-

4-3図 Springer Nature の新型コロナウイルスに関する専門ページ[*3]

earFold アルゴリズムを AI 演算能力（AI computing capacity）とともに無償提供すると発表した。これらにより，新型コロナウイルスのゲノム解析やワクチン開発などにかかる時間を短縮することが期待できるという[53]。

4.1.2.3 オープンサイエンスの効果

　このように，新型コロナウイルスに関する研究データやプレプリントをはじめとする研究成果の迅速な共有，すなわちオープンサイエンスの取り組みが，

＊3：SARS-CoV-2 and COVID-19. Springer Nature. https://www.springernature.com/gp/researchers/campaigns/coronavirus, (accessed 2022-08-01).

研究者，助成機関，学術出版社，図書館などのステークホルダーの協力によって進められている。その最大の効果は，研究開発費や人的・物的資源，時間を効率的に活用し，研究を急速に進展させていることであるといえるだろう。今後，臨床実験や新薬の開発といったフェーズも成果の共有によって加速され，感染による被害を収束させるまでの時間を短縮することができれば，オープンサイエンスの取り組みが人類の生命や健康に関わる地球規模の課題解決に貢献した好例となるだろう。

　オープンサイエンスの副次的な効果として，新型コロナウイルスの感染を1日でも早く食い止めることができるならば，社会や経済への悪影響を低減することが可能になると考えられる。また，新薬をはじめとする対策によって経済的な効果も生じるだろう。研究データや成果を商用利用することに対しては抵抗もみられるが，ゲノム研究に関するカナダ，米国，及び英国のガイドラインを分析した Caulfield らは，研究の商業化とオープンサイエンス政策は必ずしも折り合わないとはいえないと指摘している[54]。

　2017年6月に Springer Nature のデータジャーナル *Scientific Data* は，同誌に投稿されたデータセットはセンシティブデータを除いて商用利用の制限を認めないとする（＝商用利用 OK としなければならないという）方針を公開した。共有されたデータが社会や経済にとって利益をもたらした例として，ヒトゲノムプロジェクトや米国の Landsat 衛星のデータは，推定数十億ドルを生み出したことを挙げている[55]。

4.1.2.4　オープンサイエンスの課題

　本件は，データ共有やフォーマットの標準化が慣習となっている分野であるからこそ，オープンサイエンスの効果が発揮されたといえる。一方で，課題も散見された。ここでは結果の誤用とアクセスツールの整備について述べたい。

（1）研究成果の誤用・悪用

　Pradhan らが1月31日に bioRxiv に登録した"新型コロナウイルスに HIV ウイルスに類似したタンパク質が含まれている"とするプレプリント[56]は，研究者から内容に対する複数の批判的なコメントを受けた。さらに，フェイクニュースの根拠として使われ，拡散される事態に発展した。結果，Pradhan ら

は公開からわずか2日後の2月2日にプレプリントを撤回した。

　前半部分，すなわち研究の内容に対する批判が公開で自由に行われることは，研究の透明性や信頼性の担保となるためオープンサイエンスの効果として評価できる。一方，研究成果の誤用については国内外の調査において研究者によるデータ公開の障壁であることが示されている[57, 58]。本件は意図的な誤用であると考えられるため，一層悪質であるといえよう。Pradhan らはスピーディな撤回により問題を最小限に抑えたといえるかもしれないが，研究成果の悪用は研究者のみならず社会にとっても深刻な問題であるため，対策を講じる必要があるだろう。WHO はパンデミックならぬ "infodemic（情報伝染病）" を引き起こさないよう対策を講じることを[59]，国際連合（UN）は根拠なき差別の終結を求めるとの見解を[60]，それぞれ発表した。

（2）研究成果へのアクセスツール

　4.1.2.2で紹介したように，NLM は新型コロナウイルスに関する塩基配列データを整理したリストを公開した。また，文献情報を Disaster Lit[61]や PubMed からまとめて検索できるようにリンクを提供している。1月14日には，医学件名標目表（MeSH）の補足概念用語（Supplementary Concept Records：SCRs）に "Wuhan coronavirus" を追加しており[62]，適合度の高い文献の検索を可能にした。

　新型コロナウイルスに関する研究データは3.2.2で紹介した Google Dataset Search，DataCite Search，Elsevier DataSearch（ベータ版）でも検索できる。ただし，これらは分野を横断した広範なデータを対象としていることや収録対象が異なることから，"Novel Coronavirus" "Wuhan Coronavirus" "2019-nCoV" など同一のキーワードを用いて検索しても結果はバラバラで，本項に用いたデータはうまくみつけられなかった（※筆者の知識・能力不足も影響していると思う）。今後，データのアクセスツールがどのように発達・融合していくのかは未知数であるが，ツール間の役割分担や各ツールを適切に使いこなすための知見の整理が課題であると感じた。

4.1.2.5　COVID-19とプレプリントの活用状況

　2020年8月から9月にかけて，日本の研究者によるプレプリントの活用状況

を調査したところ，回答者1,448名のうちプレプリントの入手経験があるのは52.1%，公開経験があるのは20.4%であった。従来から利用が盛んであった数学，物理学，天文学，計算機科学は入手・公開経験をもつ研究者の比率がいずれも高かったのに対して，化学や医学分野は公開経験が相対的に低いものの入手経験は高く，COVID-19を契機としたプレプリントの利用が進んでいる可能性が示唆された[63]。2022年1月現在，新型コロナウイルスは未だに世界中で猛威をふるっており，変異株に対応するワクチンや新薬の開発に期待が寄せられている。今後，化学や医学分野でもプレプリントの公開が広がっていくのか，それともCOVID-19による一時的な傾向なのか，継続的に調査していきたい。

4.2　引用

4.2.1　オープン・サイテーションのいま

4.2.1.1　引用データもオープンにしよう！

　引用データのオープン化を推進するイニシアティブ，Initiative for Open Citations（I4OC）が設立された，というニュースを目にしたのは2017年4月のことであった[64]。文献間の引用関係のデータは，現在の研究・学術情報流通界隈の基盤を成すものの一つである。具体的には，（1）研究評価の基礎となる：Clarivate Analytics のインパクトファクターはもちろん，現在存在する研究評価指標の大半は，いわゆるオルトメトリクス以外，引用関係に基づくものである。（2）文献探索ツールを作る上で有用：「この論文"が"引用している論文」の表示にも，「この論文"を"引用している論文」の表示にも引用データが必要であるし，被引用回数で検索結果を並べ替える機能も引用データなくして始まらない。また，論文の類似関係の算出にも，引用ネットワークを用いることがある。（3）文献や研究者間，研究プロジェクト間の関係性のマッピングに必要：論文や研究者を何らかの関係性によってつながるネットワークとして表現し，分析することで，重要であったり新たに勃興中の研究を抽出したり，ある領域の全体像を描こうとする，いわゆるサイエンスマップを描く研究において，引用データが最もよく使用されている。……とまあ，さまざまな点で重

要な引用データであるが、実は従来、まとまった形で、かつ分野を問わず文献間の引用データを得る方法は、（1）Clarivate Analytics のデータ（Web of Science や、そのさらにデータ源である Science Citation Index 等のデータ），（2）Elsevier のデータ（Scopus のデータ），（3）Google Scholar のデータ，（4）Microsoft Academic のデータ、のいずれかを用いるくらいしかなかった。このうち（1）と（2）は人力も使って文献間の引用関係の特定を行ったもので、特に Clarivate Analytics のデータはインパクトファクターの算出等にも用いられる，多くの研究評価に用いられているものであるが、使用するためにはデータベースの契約や、追加料金の支払いが必要である。買ったことがある人も図書館情報学関係者の中にはいるかもしれないが、引用データ（それも単純な回数でなく、どの論文がどの論文を引用しているかが構造化されたデータ）の料金は、状況に応じて柔軟にディスカウントしてもらえるとはいえ、割と半端ない（そこそこの規模でも、〇百万円くらいのオーダーの覚悟はいる）。（3）と（4）は基本、機械的に集計されたデータであり、重複して集計されたり、逆に同一文献のデータが分かれてしまうこと等がしばしばある。このように、基盤的なデータであるにも関わらず、信用のおけるデータが自由には手に入らない……という状況を打破するために立ち上がったのが I4OC であり、その「オープン引用の実現」という理念には存在を知った当初から大いに賛同し、注目してきた。

　とはいえ、論文のオープン（オープンアクセス），研究データのオープン（オープンサイエンス）に続いてまた新たなオープン化の運動が出てきたかあ、という印象があったのも確かであり、「理念はわかるが、これまたそんなすぐには進まないんだろうなあ」と思っていた。しかしこの見込みは大外れであった。I4OC 発足の当初から Springer Nature や Wiley 等の大手出版者が参加表明していたことで「おや」とは思っていたのだが、発足からわずか 7 か月あまりで、主なターゲットとしていた Crossref に登録された雑誌論文で、引用データを登録している文献中、50％以上のオープン・サイテーション化を実現してしまった[65]。I4OC 発足以前にはオープン引用化率は 1 ％未満であったというのだから大躍進である。

　そんな I4OC の共同設立者の一人、ボローニャ大学の Silvio Peroni を招いた講演会「オープン・サイテーションと機関リポジトリの展開」が 2019 年 5 月 20

日に京都大学で開催された。筆者自身もコメンテーターの一人として壇上に上がり，日本でオープン引用を進めるにはどうしたらいいのか，という話を（ほぼ即興で）してきた。講演会の記録や報告は既にウェブ上でも複数上がっているので[66, 67]ここでは会自体の内容は割愛するが，講演会の内容を参考にしつつ，あらためてオープン引用の現状と，今後進めていくにあたっての（特に日本での）課題について紹介していきたい。

4.2.1.2　オープン引用とは

　「論文がオープンアクセスになっていれば，参考文献欄も自由に閲覧・利用できるのだからいいだろう」という認識もしばしば耳にするが，単なる参考文献欄を前述のようなさまざまな用途に用いることができる「引用データ」にするには多くの労力が要る。Peroni によれば，まず大前提として，I4OC 等の議論においては引用データ（citation data）とは単なる参考文献欄（references）とは分けて考えられている。引用データとは，「引用元から，引用先に対し向けられたリンク」であり，引用元・引用先の詳細情報を得るために必要な基礎的なメタデータを含むもの，とされている。そのうえで，引用データがさらにオープン引用であるためには，以下の要件を満たす必要がある[68]。

（1）構造化

　何らかの機械可読なフォーマットで構造化されていること（JSON や RDF など）。

（2）分離

　論文本文にアクセスせずとも，引用データの情報が得られるように分離されていること。

（3）オープン

　一切の制限なく，アクセス・再利用可能であること（CC0，パブリック・ドメインなど）。

（4）識別可能

　引用元・引用先の文献について，恒久的識別子（DOI）や URL 等によって識別・同定可能となっていること（これは引用データ自体の定義とも重なっている）。

　このような要件を満たすオープン引用の流通を実現しようというプロジェクトとして，2010年に英 JISC が OpenCitations を立ち上げ，オープン引用のデ

ータモデル構築や，実際にオープン・サイテーションデータを取りまとめて提供するサービスの構築等を行っている。I4OC の設立母体の一つもこの Open-Citations である[69]。

4.2.1.3 オープン引用のいま
（1）国際的な状況

2010年に立ち上がり，データモデルの構築等を行っていた OpenCitations であるが，前述のとおり I4OC 立ち上げ以前の段階では，オープン引用はほとんど進んでいなかった。転機になったのは2016年で，WikiCite ワークショップ（Wikimedia 財団によるオープン引用プロジェクト）開催や関係者を招いての会議開催を経て，多くの賛同者を得たという[70]。結果，I4OC には立ち上げの初期段階で大手出版者が参加した。

I4OC が主なターゲットとしているのは，Crossref に参加している出版者の，整備済みの引用データである。というのも，オープン引用の大前提は「構造化され」「分離可能で」「識別可能な」「引用元から，引用先に対し向けられたリンク」の形をしている引用データであって，そのようなデータがそもそも存在しない場合には実現がぐっと困難になる。一方，Crossref に参加し，Crossref の DOI が付与されている論文で，きちんと引用文献のデータが整備されていれば，あとは「オープン」にする承諾さえ出版者から得られれば話が早い。また，引用データを商品として取り扱っている場合を除けば，出版者にとって引用データをオープンにする不利益は特に存在しない……どころか，論文のビジビリティが上がるというメリットもある。結果，多くの出版者は早々に I4OC に参加し，2017年中にターゲットとした Crossref 引用データのオープン引用化率は50％を超えたわけである。ただ，そこからはオープン引用化推進の動きは鈍化し，2018年9月時点で55％にとどまっていたという[71]。これ以上の進展には，未だにオープン引用化を断っている主要出版者（例えば Elsevier）の参加が不可欠だろうが，同社は Scopus を販売していることを考えると，なかなか難しいかもしれない。

そこで I4OC では新たに CROCI（Crowdsourced OpenCitation Index）というプロジェクトも立ち上げている[72]。これは ORCID の ID 所有者をターゲットに，

自身が論文中で引用した論文のデータをオープン引用として公開するというものである。著者自身の協力に拠る，という点で Elsevier 等の出版者単位でオープン・サイテーション化を拒んでいる雑誌にも対応できる利点があるが，個人的には，論文のセルフ・アーカイブの現状を見る限り，この路線ではオープン・サイテーションはあまり進まないことを懸念する。

Peroni によれば，Crossref 雑誌論文を対象とするインデックス，COCI（旧 Crossref Open Citation Index）には2019年5月現在，4億4,500万件以上の引用関係データが登録されていた。一方，CROCI は2019年3月に立ち上げられ，5月時点ではまだ76件の引用データが登録されるにとどまっていたという[73]。

（2）日本の状況

日本のオープン引用の現状については京都大学の西岡千文が調査していて，筆者も共同研究者として参加している。その調査によれば，日本の出版者が発行する論文のオープン引用化率は世界全体に比べて一般に低い。Crossref に引用データがないものも含めた世界全体のオープン引用状況も西岡は集計しており，それによれば世界全体のオープン引用率が24.22％である一方，日本は18.86％であった。特に人文社会系で日本は1％前後と壊滅的であるという。一方，STM 系では化学分野で26％以上，他でも15％前後はオープン引用になっていたという[74,75]。

ただ，「日本の出版者」と言っても学会が出版する雑誌の中には主要商業出版者に刊行業務を依頼し，その電子ジャーナルプラットフォームで公開されているものも多い。オープン引用化されている論文の多くはそうした雑誌に掲載されたものであったようである。

そもそも，日本の学協会が刊行する雑誌や，大学が発行する紀要の中には，オープン引用以前に，引用データが存在しないものが多く，特に人文社会系ではほとんどがそうだろう。本文すら電子化されていない例は論外として，本文が電子化されていても，PDF で公開されているのみ，というものが多い（機関リポジトリで公開される紀要はほとんどそうだろう）。参考文献も，本文の一部としては公開していても，「構造化され」「分離可能で」「識別可能な」「引用元から，引用先に対し向けられたリンク」の形をしていることは少ない。オープン引用が進んでいないことはある意味，当然とも言える。

4.2.1.4　オープン引用の未来

　世界的なオープン・サイテーションの潮流については，あとは Elsevier はじめ不参加の出版者を落とせるかどうかが大きい。例えば COCI 等のオープン引用データのみを研究評価に用いること等を定める国が現れれば，残る出版者たちも動かざるを得なくなる。実際，Plan S においてはオープン引用への対応も盛り込まれている[76]。

　日本のオープン引用については，まずはオープン以前に，I4OC 等の要件を満たす引用データを整備することの必要性が認知されないことには始まらない。このようなデータを遡及して作成するのは，地道かつ面倒な作業なので，できれば少なくともこれから公開される論文については，執筆・公開段階で引用データを分けて作っておき（J-STAGE 掲載誌ではそうしているところも多いはず），そのデータから機械的に構造化する処理を行えるようにすることが有益だろう。そうして作ったデータを，オープン引用として公開していくには，例えば WikiCite を用いることなどが効果的なのだが……これについては紙幅も尽きたので，詳しくは参照先のポスターなども見てほしい[77]。

4.2.1.5　その後のオープン引用

　2021年前半には Elsevier，米国化学会（ACS）等も I4OC の活動への参加を表明し，主要出版社でオープン引用の枠組みに参加していないのは IEEE のみとなった。引用データ全体における，オープン引用のカバー率を推定した調査では，全引用の53％程度がオープン引用の枠組みの中でカバーされているという。引用索引データベースの二巨頭，Web of Science と Scopus のカバー率がそれぞれ52％，57％であるとされており，オープン引用はそれらに匹敵するほどの枠組みとなっている[78]。

4.2.2　データ引用：新たな規範への道のり

4.2.2.1　データ引用：研究者がデータの二次利用者に求めるもの

　3.2.1では，研究データを共有する際のライセンスの検討状況について述べた。3 - 7 図に示した質問紙調査の結果，研究者がデータの利用者に強く求めてい

る条件は「クレジットの表示」であった。別の調査でも，研究者は公開したデータを「引用せずに利用される可能性」に強い懸念を抱いていることが明らかにされている[79]。ここでは，共有されている研究データを再利用する際の「データ引用」について取り上げたい。

4.2.2.2　データ引用のいま

　論文など出版物の引用は，分野を超えた規範となっている。また，ビッグ3（APA，シカゴ，MLA）をはじめとする多くのスタイルガイドやデータリポジトリは，出版物と同様に，データやソフトウェアを参考文献リストに記載する場合の書式を示している。4-4図に英国のデジタルキュレーションセンター（Digital Curation Centre：DCC）によるデータ引用のガイド[80]から，APA とPANGAEA データリポジトリによる書式の例を示す。

APA

Cool, H. E. M., & Bell, M.（2011）. *Excavations at St Peter's Church, Barton-upon-Humber* [Data set]. doi:10.5284/1000389

PANGAEA

Willmes, S et al.（2009):Onset dates of annual snowmelt on Antarctic sea ice in 2007/2008. doi:10.1594/PANGAEA.701380

4-4図　データ引用の書式*4

　しかし，現状では公開されているデータやソフトウェアを再利用する際に，それらに関連する論文を引用することはあっても，データを直接引用している論文は少ない。2018年4月，PMC と PubMed は，検索フィルターに「データ引用を含む」などを追加した。PMC に収録された論文を（（"2017/01/01"［Pub-

---

＊4：Ball, Alex; Duke, Monica. How to Cite Datasets and Link to Publications. Digital Curation Centre. 2015, 15p. http://www.dcc.ac.uk/sites/default/files/documents/publications/reports/guides/How_to_Cite_Link.pdf,（accessed 2022-08-01).

lication Date]：“2017/12/31”［Publication Date］）) AND has data citations [filter]
で検索すると，2017年に出版された論文365,354本のうち，データ引用を含む
論文はわずか850本（全体の0.2%）である。また，参考文献リストではなく，補
足情報[81]や本文[82]に引用情報やURLを記載する論文が多い分野もある。

　それでは，なぜ関連論文ではなくデータを直接引用する方が良いのか，なぜ
参考文献リストに記載する方が良いのか，順に見ていきたい。

4.2.2.3　データ引用の意義

　データ引用の背景には，データを論文などの出版物と同様の重要な研究成果
とみなすという認識がある。これは OECD や G 7 をはじめとする各国・地域
のオープンサイエンス政策にも共通の認識といえる。象徴的な表現として，英
語の文献では“データはファーストクラスのオブジェクト”というフレーズを
しばしば目にする。

　ところが，データ共有は手間やコストを必要とするのにもかかわらず，論文
と同様の業績として認められていない場合が多い。また，データの作成者は，
論文の共著者にならない場合もある。そこで論文ではなくデータを引用するこ
とによって，（1）データの作成者にクレジットを与えること，（2）データの
引用状況を測定して研究の影響度を明らかにして共有のインセンティブとする
こと――より直截的にいえば，研究助成金の獲得や採用，昇進などにつなげる
ことが期待されている[83]。加えて，データを引用の枠組みに載せることによっ
て，（3）データへのアクセスを確実にすること，（4）追試や検証を可能にし
て研究の透明性を向上させること，といった効果も期待できる。

4.2.2.4　データ引用の標準化と普及の取り組み

　こうしたデータ引用のメリットを最大化するために，CODATA と ICSTI，
RDA（研究データ同盟）は，データ引用の標準化や普及につとめてきた[84]。これ
らの機関や出版社といったステークホルダーの協力のもと，国際イニシアティ
ブの FORCE11は，2014年に「データ引用原則の共同声明（Joint Declaration of
Data Citation Principles：JDDCP）」[85]を，2016年には「ソフトウェアの引用指
針」[86]を公開した。Elsevier は，1,800タイトルを超える雑誌に JDDCP を採択

している。JDDCP や DCC のガイドなどは，データ引用の測定に対応するために，おおむね次のことを提言している。すなわち，（本文などではなく）参考文献リストにデータ引用を記すこと，著者・タイトル・出版年・出版者／データリポジトリ・ユニークで永続性のある DOI を記すことである。

4.2.2.5　提言による規範化の限界

　こうした提言の影響を明らかにするために，Mayo らは Dryad データリポジトリに登録されたデータを用いた論文のデータ引用の状況を調査した[87]。残念ながら，2011年から2014年に出版された1,125本のうち，参考文献リストに Dryad の DOI が記載されている論文はわずか6％であった。本文中に Dryad の DOI が記載されている論文は75％，どこにも書かれていない論文が20％である。2011年から2014年の経年変化をみると，引用がない論文は31％から15％に減少している。参考文献リストに引用を掲載している論文は5％から8％に増加しているが，このペースでは2031年まで90％を超えないと指摘している[88]。

　どうやら，データ引用の書式の整備や提言によってデータ引用が規範となるまでには時間がかかりそうである。一方，データ引用の測定や可視化によって，データの探索や選択が容易になれば，また，データ引用が評価されるようになれば，データ引用が拡がるのではないだろうか。

4.2.2.6　データ引用の測定

　前項の「オープン・サイテーションのいま」で詳述されているように，2017年4月，Wikimedia 財団や PLOS など6団体が，引用データの無料公開を目指す I4OC[89]を設立した。I4OC は出版社や学会に協力を呼びかけて，Crossref に登録されている引用データの公開を進めている。公式サイトによれば，2018年1月現在，Springer Nature や Wiley など154団体が参加しており，雑誌論文の引用データの公開率は活動以前の1％から50％まで増加した。引用データは，Crossref の REST API[90]や OpenCitations[91]から入手できる。

　Crossref の引用データを用いて，MDC（Make Data Count）プロジェクトはデータのメトリクス（Data Level Metrics）開発を行っている[92]。MDC は，2017年5月に CDL（California Digital Library），DataCite，DataONE が開始した。

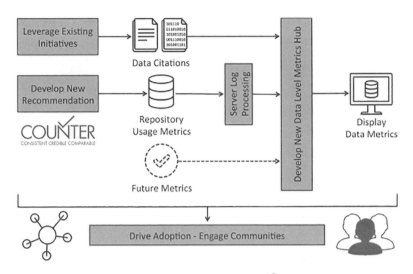

4-5図　MDCの実施計画[*5]

その前身である Making Data Count プロジェクトの調査結果を受けて，メトリクスにはデータの引用数，及び利用数（閲覧数とダウンロード数）を採用している（4-5図）。

2018年6月には，CDLとDataONEのリポジトリにメトリクスが実装された。また，MDCはCOUNTERの実務基準を研究データリポジトリに実装するためのガイドをGitHubで公開している[93]。さらに，より広範な議論を行うべく，RDAにデータ利用メトリクスのワーキンググループ（Data Usage Metrics WG）を立ち上げ，ステークホルダーの参加を呼びかけている。MDCの今後の展開に期待したい。

4.2.2.7　データ引用に対するささやかな懸念，あるいは杞憂

引用データがオープン化され，誰もがデータ引用の状況を追跡できる環境が

＊5："Make Data Count Update: November, 2017". Make Data Count. https://makedatacount.org/2017/11/09/make-data-count-update-november-2017/, (accessed 2023-01-01).

整いつつある（オープンサイエンス！）。データ引用の増加や計量書誌学の進展に期待が高まる反面，メトリクスが実装されることで，インパクトファクターをめぐる不正などの問題が，データについても起きるのではないかと少々心配でもある。ちなみに，論文の被引用数を研究評価に使う場合，批判的な引用や儀礼的な引用も含まれてしまう問題が指摘されている。著者が想像する限り，データを批判的，儀礼的に使うとは考えにくいが，はたしてどうだろうか？

4.2.2.8　遥かなるデータ引用の規範化への道のり

この原稿執筆時点から約3年半。データ公開に関する国内外の調査において，多くの研究者がデータの引用を求め，クレジットが得られないことを懸念していることが明らかにされてきた[94, 95, 96]。果たしてデータ引用は増えているのだろうか。緊張しつつPMCを再度検索した結果を4-1表に示す（2022年1月20日検索実行）。

4-1表　PMC 収録論文がデータを引用している比率の経年変化（2017〜2020年）

出版年	PMC 論文数	データ引用	比率
2017	463,481	1,012	0.2%
2018	493,766	1,377	0.3%
2019	543,016	3,176	0.6%
2020	708,218	4,185	0.6%

2017年から2020年の変化をみると，PMCに登録されている論文数は約1.5倍（特に2019年から2020年にかけて大幅に増加している），データを引用している論文数は約4.1倍増加していた。データを引用している論文の増加率はまずまずといえるかもしれないが，未だ全体の0.6%に留まっている。もちろんデータを引用する必要がない論文も一定数存在するだろうし，PMCがデータ引用を正しく追跡できていない可能性もある。しかし経年的な増加率からすると，データ引用を学術界の新たな規範とするにはまだ相当な時間，あるいは仕掛けが必要そうである。

4.3 支援コミュニティ

4.3.1 「次世代リポジトリ」のヴィジョン

4.3.1.1 機関リポジトリ

　オープンサイエンスはオープンアクセス（OA）とオープンデータという概念を含むものである，というなんの定義にもなっていない定義がなされることがある。そのうち OA については，グリーン OA（＝ IR やサブジェクトリポジトリによる公開）とゴールド OA（＝ OA ジャーナルによる公開）の二つがあると整理される。

　歴史を乱暴に振り返れば，1990年代頃からのジャーナル価格高騰（シリアルズクライシス）→ OA 運動の起こり→商業出版社がゴールド OA というビジネスモデルを確立し始め→……という流れになるだろうか。近年は，グリーン OA ではサブジェクトリポジトリが大ブームで，フリッピング（購読誌から OA ジャーナルへの転換）やオフセット契約（購読誌の契約額に APC を含める）といったゴールド OA 寄りの話題もホットである。平成が終わりを迎えようとするいまでも，IR によるグリーン OA は活発とは言えず，電子ジャーナル問題の解決には寄与していない。正直，円高のほうが期待されている。

　だから日本の IR には存在意義がない，と言いたいわけではない。従来は紙でしか流通していなかった学内紀要等の電子化，CiNii とのシステム連携，学位規則改正（2013年度）による博士論文の OA 原則義務化への対応，IR コンテンツへの JaLC DOI の付与開始など，その功績は大きい。IR にメリットを感じ，担当者が驚くくらいに多数の研究成果を登録してくださる研究者も，多くはないが存在する。一方で，リポジトリコミュニティの内外から「紀要なんて」という声が囁かれることもある。やはり査読済み学術雑誌論文という "華" を公開してこそのグリーン OA だというのだ。かくして，IR 担当者は自信を失いがちである。

4.3.1.2　グリーン OA のつらさ

　IR 担当者のルーティンはこの10年以上変わらず，（１）著者最終稿（査読が終了し出版社にアクセプトされた著者原稿）の入手，（２）出版社の著作権ポリシーのチェック（公開可能な版かどうか，エンバーゴ期間の有無），（３）メタデータの作成，から成る。（２）もそれなりに面倒ではあるのだが，本質的にツラいのは（１）である。多くの出版社はビジネスモデルに影響しない範囲で，6か月や12か月といったエンバーゴ期間を設けた上，著者最終稿という“不完全”な版の公開のみを許可している。この著者最終稿は，IR 担当者としては著者から提供してもらう以外に入手する方法がないのだが，（機関で OA 方針を策定していても）座して待つだけで提供してくれる研究者は少数派である。一部の大学で行われているように，新着論文をデータベースで検索し，著者にメールで著者最終稿の提供を依頼するという方法が結局は効果的なのかもしれない。

　そもそも，どうしてこんなことになってしまっているのかと言えば，研究者が論文の著作権を出版社に譲渡しているからであろう。書き手としての研究者は出版社に著作権を譲渡し，担い手としての研究者はジャーナルの品質の根幹をなす査読という価値を無償で提供し，読み手としての研究者は多額のジャーナル購読費の学内調整に追われる。商業出版社は学術研究のインフラを共に支える重要なパートナーではあるが，学術コミュニケーションを掌握しすぎてしまっているきらいがある。このアンコントローラブルな状態を解消できるのは，学術コミュニケーションの主役たる研究者以外にはいないと思うのだが（そう認識した研究者はボイコットを起こしたりする），研究者自身も研究評価という縄に縛られて身動きが取りづらいのかもしれない。

　この現実を甘受しながら，商業出版社の許容範囲内でグリーン OA を続けるのであれば，前述のしんどさと付き合いつつ，少しずつでも論文に対するアクセシビリティを向上させていくことが IR の使命になる。後手に回っていることは否めないが，その先に明るい未来が待っているのなら……。

4.3.1.3　「次世代リポジトリ」の挑戦

　世界中のリポジトリが協働することで，この隘路をなんとか抜け出したい。学術コミュニケーションをいま一度この手に取り戻したい。しかし，現在のリ

ポジトリは出版された研究成果の著者最終稿を受動的に収集するだけで，既存のシステムを維持しているにすぎない。——COAR（オープンアクセスリポジトリ連合）の「次世代リポジトリ（NextGeneration Repositories：NGR)」という構想は，このような問題意識を背景にしている。

　世界規模のリポジトリコンソーシアムである COAR が NGR の WG を立ち上げたのは，2016年4月のことである（日本からも国立情報学研究所の山地一禎教授が参加している）。2018年2月開設のウェブサイト[97]には，WG の成果[98]として，想定されるユーザ（人間，機械）の行動，リポジトリシステムに求められる振る舞い，実装に必要な要素技術が整理されている。4-7図のとおり，NGR の構想は野心に満ち，実現には従来よりも高度なウェブ技術を伴うため，技術者

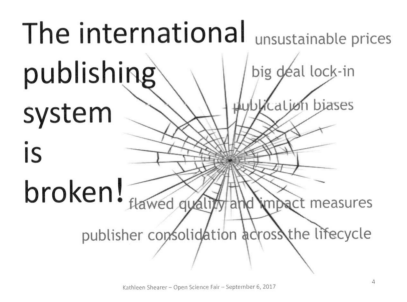

The international unsustainable prices
publishing big deal lock-in
system publication biases
is
broken! flawed quality and impact measures
publisher consolidation across the lifecycle

Kathleen Shearer – Open Science Fair – September 6, 2017

4

4-6図　現在の出版システムに対する批判[*6]

＊6：Shearer, Kathleen. "Next Generation Repositories: Moving from the "Fringe" to the Foundation of Scholarly Communication". Zendo. 2017-09-06. https://doi.org/10.5281/zenodo.886480, (accessed 2022-08-01).

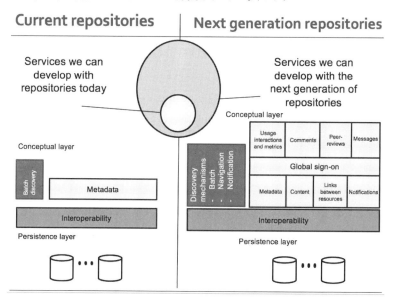

4-7図 現在のリポジトリと NGR の比較[*7]

サイドの興味を引く。

　ただし，技術面ばかりに注目していてはその本質を見失う。筆者の理解では，NGR のヴィジョンは「世界中に分散するリポジトリを高度に連携させることで，学術コミュニケーションの基盤（global knowledge commons）を構築し，その基盤上で論文に留まらない多種多様なコンテンツを活用した多角的なサービスを展開させ，学術コミュニティで協同運用するオープンな学術コミュニケーションシステムを実現する」ものだ。強調すべきは，特定のプレイヤーへの一極集中に対する反省に根ざした強烈な分散指向である（それに伴いウェブ的な技術・考え方の採用が必然となる）。

　NGR で想定されるリポジトリの姿は，従来のように研究成果出版後に機能

＊7：Next Generation Repositories: Behaviours and Technical Recommendations of the COAR Next Generation Repositories Working Group. 2017. https://www.coar-repositories.org/files/NGR-Final-Formatted-Report-cc.pdf, (accessed 2022-08-01).

する受動的なものではなく，積極的に"出版"を担っていくプロアクティブな存在であるようだ。このように立ち位置を大きく変えることで，コンテンツの収集という難問を解決しようとしているように見える。しかし，NGR のヴィジョンが研究者の共感を得るかどうか，研究者たちの"社交（ソーシャル）"＝学術コミュニケーションを支えるエコシステムを構築できるかどうか，課題山積である。そこでキーとなってくるのは，「査読」や「評価」というレイヤーだろうと考えている。

▶ コラム 2

「次世代リポジトリ」のヴィジョンのその後

COAR は，2019年9月に Pubfair に関するホワイトペーパーを公開した[99]。これは，「次世代リポジトリ」のヴィジョンをより具体的にしたものである。Pubfair は，リポジトリのネットワーク上に蓄積されたプレプリントやエビデンス・データ等のコンテンツに基づく，分散型のオープンな出版フレームワークと言える。ホワイトペーパーは，パブリックコメントを反映した上で，第2版が2019年11月に公表されている[100]。

Pubfair のアーキテクチャは主に三つの層から構成される。最下層のコンテンツ層では，世界中に分散するリポジトリのネットワーク上にプレプリントやエビデンス・データ等のさまざまなコンテンツが登録され，保存される。コンテンツ層の上位には，ピアレビュー・検証・評価層があり，出版の中核となる機能（投稿，編集ワークフロー，レビュー，評価）を担う。さらに，最上層に，研究コミュニティ，学会，研究資金提供者，学術機関，個々の研究者など，さまざまなステークホルダーに対応した配信チャネルが構築されることになる[101]。

学術雑誌は，これまで350年の長きにわたり，フォーマルな学術コミュニケーションを支える中心的なメディアとみなされてきた。それは，とりもなおさず，学術雑誌が登録，品質保証，配信，保存と学術コミュニケーションにとって不可欠な四つの機能を十分に満たしてきたからである[102]。Pubfair は，リポジトリとその上位付加サービスを連携させて，これら四つの機能を分散的に実現しようとする出版プラットフォームということができよう。

COAR は，ホワイトペーパーの公表後，Pubfair の実現に向けていくつかのプロジェクトを進めている。例えば，2020年8月に，リポジトリの上で展開される査読のためのオーバーレイモデルについて提案を行った[103]。また，2021年1月には，さまざまなサービスからの査読や推薦を，リポジトリの分散ネットワークに蓄積さ

れたコンテンツとリンクさせるために「通知プロジェクト（The Notify Project）」を立ち上げた[104]。さらに，2021年8月から9月にかけて，ASAPbioと合同で，機関リポジトリと汎用リポジトリを対象に，プレプリントの収集に関連する現在の活動と将来の計画を測るための調査を実施した[105]。その結果，118件の回答機関のうち，既に65％以上がプレプリントを収集しており，収集していないという回答機関のうち，65％以上が将来的に収集する予定であるとの結果を得ている。一方，バージョン管理，外部の査読サービスへのリンク，基本的なスクリーニングなど，分野のプレプリントサーバでは当たり前のサービスがほとんど行われていないことも判明した。この調査結果は，今後 Pubfair の実装に役立てられることになる。

　さて，「次世代リポジトリ」が実現したとして，研究者は学術雑誌の代わりにそれを利用して論文を出版しようとするだろうか。研究者の意識やカルチャーを変えるのはそれほど容易ではないように思われる。また，毎年200万本を上回る学術論文が学術雑誌を通じて出版され，その数は増え続けているが，「次世代リポジトリ」は，このうちのどのくらいの数の論文の出版を担うことができるだろうか。「次世代リポジトリ」が商業出版社の学術雑誌に対抗するプラットフォームとして機能するかどうかは，こうした課題を解決できるかどうかにかかっている。

（尾城孝一）

4.3.2　もう一つの図書館クラウドファンディング： 図書館共同出資モデルによるオープンアクセスの推進

4.3.2.1　図書館とクラウドファンディング

　図書館によるクラウドファンディングと言うと，図書館が資料購入の経費などを捻出するために，一般の人々から寄付を集める行為を思い浮かべる方が大半だと思う。例えば，筑波大学附属図書館では，紙媒体資料の購入費確保を目的としたクラウドファンディングを実施した[106]。また，東京藝術大学附属図書館は，クラウドファンディングを活用して，大量に寄贈された SP レコードの保存箱購入のため経費を集めた[107]。その他，千葉大学附属図書館松戸分館[108]，徳島大学附属図書館[109]，茨城大学図書館[110]などが類似の取り組みを行っており，大学図書館に限ってみてもクラウドファンディングの事例は枚挙にいとまがない。

　本項では，同じく図書館によるクラウドファンディングと言っても，図書館

自身が出資金を出し合い，それを財源として学術資料のオープンアクセス出版やオープンアクセス化を支えるというモデル，すなわち図書館共同出資モデルを取り上げたい。

4.3.2.2 OA のためのビジネスモデル

OA 化された学術資料は，誰でも無料で読むことができるが，その出版には費用がかかり，その費用をまかなうためのビジネスモデルが必要とされることは言を俟たない。学術誌，特に科学・技術・医学系のジャーナルのビジネスモデルは，著者が支払う APC（Article Processing Charge）によるモデルが主流となっているが，APC モデルは次のような問題を抱えている。

①購読料と同じように APC も値上がりが続き支払いが困難になるのではないか。

②人文・社会科学系の学術誌には適用できないのではないか。

③学術誌の購読ではなく，論文の出版の局面で，深刻な格差を生み出すのではないか（いわゆるグローバルサウス問題）。

こうした問題を解消するために，APC や BPC（Book Processing Charge）といった著者支払い型のモデルに依存しない OA ビジネスモデルも数多く提唱されている。例えば，欧州の人文社会科学系のオープンな学術コミュニケーションのあり方を議論するためのコミュニティである Open Access in the European Research Area through Scholarly Communication（OPERAS）は，OA を支えるビジネスモデルとして，APC／BPC 以外に次のような九つのモデルを挙げている[111]。

①フリーミアム：あるフォーマットを無料で提供し，他のフォーマットや付加機能に課金する。

②コラボレーション／連合：機関や組織が，さまざまなスキルと資金を集約することにより OA 出版を促進する。

③コミュニティ：コミュニティやボランティアによって運営されている学術主導の出版社が OA 出版する。

④助成金（グラント）：助成金を活用する。

⑤寄付金：寄付金を活用する。

⑥図書館共同出資：複数図書館の出資金を財源として OA 出版を進める。

⑦機関出資：大学等の機関からの資金により OA 出版コストをカバーする。

⑧収益（サービス）：他の出版社や機関に出版サービスを提供することから得た収益により OA 出版を進める。

⑨収益（冊子体の販売）：冊子体の販売から得た収益を OA 出版に投資する。

　本項で扱う⑥の図書館共同出資モデルは，図書館がコンソーシアムを作り，参加館から出資金を集め，それを財源として学術誌や学術書などの OA 化を推進するという試みである。図書館自身が出資者になるという点が，一般的な図書館のクラウドファンディングと異なる。このモデルを適用すれば，著者に APC や BPC の負担を強いることなく，多様な学術資料の OA 化を実現することができる。

4.3.2.3　図書館共同出資モデルの主な事例

（1）SCOAP[3]

　2006年に，欧州合同素粒子原子核研究機構（CERN）が中心となり，高エネルギー物理学（High Energy Physics：HEP）分野の査読付き学術論文の OA 化を目指した「SCOAP[3]（Sponsoring Consortium for Open Access Publishing in Particle Physics）」[112]が開始された。これは，世界各国の図書館や研究助成団体がコンソーシアムを形成し，従来図書館が出版社に支払ってきた購読料を出資金として CERN に集約し，それを財源として HEP 分野の主要な学術誌の OA を実現しようという取り組みであり，図書館共同出資モデルの一例とみなすことができる。2021年12月8日現在，SCOAP[3]には世界の3,000を超える図書館等の機関が参加し，HEP 分野の主要な13誌の約4万6千本の論文が OA となっている。また，2020年6月には，既刊の単行書 OA 化のためのパイロット事業の開始を発表している[113]。

（2）Subscribe to Open（S2O）

　SCOAP[3]と同じように，図書館が支払っていた購読料を OA 化のための出資金に振り替えることにより，OA 出版を進めようという試みは他にもいくつかある。例えば，Annual Reviews というレビュー誌を専門に出版している出版社は，Subscribe to Open（S2O：オープンアクセスを購読する）というモデルを

提案した[114]。これは，従来の購読料を利用して，購読誌を OA 誌に転換しよ
うという試みである。Annual Reviews は，これまでに図書館から得ていた購
読料収入が確保されれば，バックファイルを含めて当該タイトルはオープン化
できると試算している。また，購読料を払い続けるためのインセンティブとし
て，5％の割引を提供すると提案している。2020年から五つのレビュー誌がこ
のモデルによって出版され，2021年にはさらに 3 誌が追加された。 2022年に
は，Annual Reviews の 8 誌も含めて，12社の96誌が SO2モデルで出版される
ことになっている[115]。また，出版社，図書館，研究助成機関がこのモデルに
ついて意見交換を行い，情報を共有するために，SO2 Community of Practice
というウェブサイトが立ち上がっている[116]。

（3）arXiv

米国ロスアラモス国立研究所の Paul Ginsparg が1991年に立ち上げた物理学
分野のプレプリントサーバである LANL preprint archive は，現在は arXiv[117]
という名称に変わり，コーネル大学がその運営を担っている。2021年12月 8 日
現在，物理学分野の他にも，数学，コンピュータ科学，非線形科学，定量生物
学，数量ファイナンス，統計分野等のプレプリントが190万点以上投稿されて
いる。また，2021年10月までの総ダウンロード件数は22億回を上回っている。
この arXiv もコーネル大学の予算，財団からの助成金に加えて，世界の主要
な研究大学図書館からの出資金によりその運営がなされており，日本からも17
の大学等の図書館が毎年出資金を拠出している[118]。

（4）KU

2012年に設立された Knowledge Unlatched（KU）[119]も，図書館からの出資
金によって学術書や学術誌を OA 出版するモデルを採用している。2021年12
月 9 日現在，650以上の図書館が出資し，100以上の出版社が協力し，3,000点
を超える学術書と50誌以上の学術誌を OA で出版している。KU による学術書
の OA 化の手順は以下のとおりである（2018年 3 月13日に行われた大学図書館コン
ソーシアム連合（JUSTICE）事務局と Knowledge Unlatched との打合せ時に KU から
提示された資料に基づく）。

①出版社がオープンアクセス化候補タイトルリストを KU に提出する。
②KU は選定委員会を開き，タイトルを選定する。

③ KU は選定リストを図書館に提示する。

④出資を決定した図書館は，その旨 KU に通知する。

⑤ KU は出資金の額に応じて，出版社に発注する。

⑥ KU は出資金を集めて，出版社に支払う。

⑦出版社は出資金を財源として学術書や学術誌を OA 出版する。

2021年12月，Wiley は KU の買収を発表した[120]。この買収により，市場経済に依存せずに，図書館の共同出資により学術書や学術誌のオープンアクセスを拡大しようという KU のモデルに何らかの変更が生じる可能性もあり，今後の動向を注視したい。

（5）transcript OPEN Library Political Science

transcript が進めている Library Political Science も，KU と同様に図書館によるクラウドファンディングにより資金を集め，それを財源としてドイツ語による政治学の専門書を OA 出版しようというプロジェクトである[121]。ブレーメン州立・大学図書館に設置された政治学分野の情報サービス組織である Pollux と47の大学図書館からの出資により，2021年12月22日現在，200点以上の政治学分野の学術書がオープンになっている。

（6）Reveal Digital

2010年に設立された Reveal Digital は，図書館からクラウドファンディングにより集めた資金を活用して，大学図書館等が所蔵する主に人文系の特殊コレクションをデジタル化し，オープンアクセス化することを目指している[122]。Reveal Digital の最初のプロジェクトは，"Independent Voices"であり，デューク大学図書館等が所蔵する1950年代から1980年代にかけて米国で刊行された社会運動などに関わる約1,000点の反体制派出版物をデジタル化したコレクションである。2013年から2017年までの期間に，122の図書館等から約180万ドルの資金を集め，それを財源としてデジタル化を進め，2018年5月に OA 化された。Reveal Digital は，2019年2月に，非営利の学術情報サービス会社である ITHAKA に参加し，その活動を継続している[123]。

（7）Direct to Open（D2O）

2021年3月2日，マサチューセッツ工科大学出版局（MIT Press）は，図書館の共同出資により学術書の持続可能なオープンアクセス（OA）化を実現す

るためのプログラムとして，Direct to Open（D2O）を開始したことを発表した[124]。D2O は，図書館が学術書を自館のコレクションに加えるために購入するビジネスモデルを，学術書を OA 化するために資金を図書館が共同で出資するビジネスモデルへ転換させるためのプログラムと位置付けられている。MIT Press は，2021年11月には，D2O への参加率が予定の50％に達したことにより，2022年春に出版される学術書を全てオープンアクセスで出版することを発表した[125]。

4.3.2.4　課題

　このように，図書館共同出資モデルは世界中のさまざまな学術資料を対象として，その OA 化のビジネスモデルとして広く活用されている。図書館共同出資モデルには，著者に財政的な負担を負わせることなく，比較的廉価な出資金により，学術資料の OA 化を促進することができるというメリットがある[126]。また，集まった出資金の規模に応じて，OA 化の数量を決定することができるので，出版する側にとってもリスクが少ない。しかしながら，そのさらなる普及には，いわゆるフリーライダーを減らし，出資する図書館の数を増やすことが求められる。そのためには，学術情報の OA 化に貢献するという図書館の理念を強調するとともに，出資者にとっての特典を提供することにより，資金拠出のインセンティブを高める工夫も必要である。例えば，transcript OPEN Library Political Science は，出資館のために，冊子体の無料提供，図書館名とロゴのウェブサイト掲載，OA 化された書籍の目録情報の提供といった特典を用意している。また，Reveal Digital も，出資館は先行的にコレクションにアクセスできること，MARC データや COUNTER に準拠した利用統計の提供を受けられること，さらにはデジタル化の企画に参画できることを資金拠出の利点として挙げている。加えて，標準の出資金よりも低額の資金提供でプロジェクトに参加できるような柔軟な仕組みの導入も必要となる。例えば，transcript OPEN Library Political Science は，通常の拠出額の半額で参加できる "Sponsoring Light" という制度を設けている。ただし，"Sponsoring Light" 館はウェブサイトに図書館のロゴを表示することができないという制約がある。また，冊子体も全体の半数のタイトルしか入手できない。

4.3.2.5　図書館共同出資モデルへの期待

　本項では，OA のビジネスモデルの一つとして，図書館共同出資モデルに注目し，それを適用したさまざまな事例を紹介した。残念ながら，日本ではいくつかの大学図書館等が arXiv や SCOAP3に参加している以外に，このモデルの適用事例は見当たらない。OA2020や Plan S のような国際的な学術誌のオープンアクセス化に関する議論は活発に行われているが，国内の学協会が発行する学術誌や日本語による学術書のオープン化はほとんど話題に上らない。また，多くの大学図書館が，自らが所蔵する貴重書や特殊コレクションなどの電子化を進め，それをデジタルアーカイブとして広く公開しているが，いずれの取り組みもその財政的な基盤は脆弱であるように見える。Reveal Digital の例に見るように，こうしたデジタルアーカイブの資金確保の手段としても，図書館共同出資モデルは一考の価値があろう。わが国においても，このモデルの導入により多様な学術資料の OA 化が進むことを期待したい。

4.3.3　研究データ管理を担う人材育成のための教材開発

4.3.3.1　研究データ管理とその支援サービスの重要性

　オープンサイエンスの推進と研究公正への取り組みという二つの側面から研究データ管理（Research Data Management：RDM）の重要性が高まっている。RDM とは，「一般に，ある研究プロジェクトにおいて使用された，あるいは生成された情報を，どのように組織化，構造化，保管，管理していくのかを指す言葉」である[127]。RDM の主体は，言うまでもなく研究を行う研究者自身であるが，適切な管理を実施することはそう簡単なことではない。シュプリンガー・ネイチャーが世界の研究者を対象として2017年に実施した調査（有効回答数約7,700）によれば，76％の回答者がデータの発見可能性を高めることが重要だと回答しているものの，データ共有のための課題として，利用可能な形でのデータの整理（46％），著作権やライセンスに対する不安（37％），利用可能なリポジトリが不明（33％），データ登録の時間がない（26％）を挙げている[128]。また，国内の調査結果を見ても，データを整備・公開するために必要な資源は全体的に不足しており，特に人材や時間，資金が不足していることが明らかに

なっている[129]。

　こうした研究者を助けるために，海外の研究大学では，研究支援の一環として研究者の RDM を支援するサービスが当たり前のように実施されている。一例を挙げると，英国のエジンバラ大学では，研究者や学生が研究を始める前，研究中，そして研究終了時に，研究データを効果的に管理し，活用するための一連のツールや支援サービスが提供されている[130]。研究開始前（Before you begin）には，データ管理計画の作成支援などのサービスが行われ，研究中（Research in progress）には，データの発見方法，ストレージの準備，機微情報の扱い，バージョンやコードの管理，オープンな研究ツールなどに関して幅広い支援活動が実施されている。さらに，研究終了段階（Approaching completion）には，研究データの共有，保存，記録に関するサポートが行われている。また，日常的に，研究者のスキル向上を目的としたトレーニングコースやワークショップが開催されている。RDM に関して，大学が手厚いサービスを研究者に提供しているという好例である。

4.3.3.2 「RDM トレーニングツール」

　エジンバラ大学のようなサービスを国内でも実現するためには，このような支援業務に求められる知識や技能を習得するための教材が求められる。海外では，RDM に関するさまざまなオンライン教材が公開されている。エジンバラ大学は，デジタルデータを管理する人を対象とした無料のオンラインコース MANTRA を提供している[131]。RDMRose は，Jisc の助成を得て，シェフィールド大学，リーズ大学，ヨーク大学が共同で開発した教材である[132]。また，FOSTER は，オープンサイエンスに関する多くの教材へのナビゲーションの役割を果たしている[133]。

　日本では，JPCOAR の研究データタスクフォースが，こうした海外の教材の調査と分析を踏まえて，日本語による教材の開発を進めてきた[134]。最初に「RDM トレーニングツール」と名付けられた基礎編の教材を作成した。全7章から成り，各章はスライドと解説文で構成され，研究データのライフサイクル全体をカバーする。各章の内容は，次のとおりである。

　第1章（導入）：RDM の重要性が増している背景や，RDM とは何か，そ

の定義について。

第2章（DMP）：効果的なデータ管理に欠かせない DMP に関し，作成の義務化の動向や，その構成要素について。

第3章（保存と共有）：研究データの保管や長期保存に関する留意点，また，研究データの共有に関して，その意義や検討すべき点，共有方法について。

第4章（組織化，文書化，メタデータ）：研究データを長期的に管理・活用するために欠かせない，一定のルールに則ったデータの組織化や，データについて説明する文章やメタデータの作成について。

第5章（法・倫理的問題）：研究データをめぐる著作権や，データの再利用を促すためのライセンスの仕組みについて。併せて，センシティブなデータを取り扱う上での注意点や，研究倫理について。

第6章（ポリシー）：国，研究助成機関，大学などの学術機関，学会等による，研究データの保存や共有を求めるポリシーについて。

第7章（RDM サービスの設計）：各大学に適した RDM サービスを作っていくための具体的なステップについて。

「RDM トレーニングツール」は，2017年6月に JPCOAR の公式ウェブサイトから CC BY のライセンス付きで公開された[135]。

4.3.3.3 「オープンサイエンス時代の研究データ管理」

研究データタスクフォースは，「RDM トレーニングツール」の公開後，この教材のさらなる活用を目指して，NII と共同で gacco という MOOC のプラットフォーム上でオンライン講座を開講した。この MOOC 講座「オープンサイエンス時代の研究データ管理」は2017年11月から2018年1月にかけて開講された。

「RDM トレーニングツール」の内容は，4週間のコースに再編成され，次のような構成となった。

第1週：研究データ管理の重要性が増している背景や研究データ管理の意義について学ぶ。

第2週：研究データの保存と共有，文書化について学習する。

第3週：メタデータ，法・倫理的問題について学ぶ。

第4週：研究データに関するポリシーと，研究データ管理サービスを組織
としてどのように設計すべきかについて学ぶ。

「オープンサイエンス時代の研究データ管理」の受講者数は，2,305名であっ
た。gacco の2016年の講座平均受講者数は4,145名であり，平均と比べると約半
数にとどまる。しかし，gacco では一般的な教養講座が多い中，RDM という
極めてニッチな専門性の高い内容の講座にもかかわらず，これだけの受講者を
得たことは関係者の予想をはるかに上回った。また，特筆すべきは25%という
修了率である。gacco の平均修了率は15%，MOOC の世界的なレベルでの修
了率も10%前後と言われているなかで，これは極めて高い数値である[136]。

4.3.3.4 「研究データ管理サービスの設計と実践」

「オープンサイエンス時代の研究データ管理」の閉講後，研究データタスク
フォースは，新しい教材の開発に着手した。新教材は「研究データ管理サービ
スの設計と実践」と命名され，研究支援職員（図書館員，研究支援専門職員（URA），
ICT 技術職員等）が，研究者の研究プロセス（研究前，研究中，研究後）に沿って，
具体的な RDM サービスを設計し，実践するために必要な知識や技能を習得す
るための教材となっている。「研究データ管理サービスの設計と実践」の構成
と内容は以下のとおりである。

第1章（序論）：RDM に関する基礎的な知識を得る。RDM とは何か。
RDM の重要性が増している背景。RDM サービスとは何か。

第2章（サービス設計）：自機関に適したサービスを設計するために必要な
ことを学ぶ。組織づくり。機関としての戦略やポリシーの策定。Data
Asset Framework（データ資産フレームワーク）の活用法。

第3章（研究前の支援）：研究者が研究を開始する前段階で，どのような支
援が求められるかについて学ぶ。研究者が遵守すべきポリシー。研究助
成機関が求める DMP の作成支援。

第4章（研究中の支援）：研究者が研究を実施している最中に求められる支
援について学ぶ。研究データとセキュリティポリシーの関係。データ保
存と機関の役割。利用可能なデータの発見方法。データの分析や可視化
の支援方法。論文発表の際に必要とされるデータの取り扱い。DMP の

見直し。

第5章（研究後の支援）：研究終了後に，得られたデータを公開することについて学ぶ。データの公開前に確認すべきこと。公開場所としてのデータリポジトリの選定。公開するデータに付与すべきメタデータ，識別子，ライセンスなど。

第6章（日常的な支援）：日常的な支援について学ぶ。研修の実施方法。ポータルサイトの構築と提供すべき情報。窓口業務の実施体制。広報のための資料作成やアドボカシー活動の展開方法。

「研究データ管理サービスの設計と実践」も，2018年8月にJPCOARの公式ウェブサイトからCC BYのライセンス付きで公開された[137]。

本教材は，公開後も継続的に利用されており，教材としての有用性は失われていないものと考えられる。しかしながら，研究データ管理やオープンサイエンスをめぐる状況は急速に変化しており，公開から2年を経て実情と乖離した内容も散見されるようになった。また，5.2で詳述する試用プロジェクトなどを通じて寄せられた意見を教材に反映させる必要も生じていた。そのため，教材作成を担当したおもなメンバーが中心となって，2020年後半に教材の改訂作業を行った。本作業では教材としてのコンセプト，構成，内容自体の見直しは実施せず，修正点は，RDMやオープンサイエンスに関する最新情報を反映すること，教材中で引用した文献やサイト等のURLやDOIを修正すること，参考として挙げたサイトのスクリーンショットを必要に応じて差し替えること，及びスライドやスクリプトの文章や表現の一部を修正することにとどめた。改訂されたスライド教材は，2021年2月にJPCOARのウェブサイトから公開された[138]。

4.3.3.5 「研究者のための研究データマネジメント」

RDMの主たるプレイヤーは研究を行う研究者自身であり，研究支援者だけでなく研究者当人のトレーニング環境を整えることも重要な要素となる。この課題に応えるために，JPCOAR研究データ作業部会は，2019年度から2020年度にかけて，研究者向けRDM教材「研究者のための研究データマネジメント」の開発を行った。この教材は，NIIに設置されたオープンサイエンス研究デー

タ基盤作業部会（トレーニングSWG）によるレビューを経て，2020年10月30日にJPCOARのサイトから公開された[139]。

　本教材は，研究データ管理の場面に応じた12のテーマ別に分かれており，研究者自身は本教材によってRDMに必要な基本的な知識を得ることができる。また，研究支援者が，各機関の研究環境やニーズに応じた形で本教材を加工し，研究者向けのセミナー等に利用することも想定されている。各テーマの概要は以下のとおりとなっている。

　（研究前）

　①外部資金の取得：外部資金の取得にあたり，研究データ管理との関連の観点から押さえておきたいポイントを説明する。

　②申請書類（DMP）の作成：データ管理計画（DMP）の作成方法を説明する。

　③所属機関のインフラ活用：研究データ管理を行う上で必要となる所属機関のインフラの活用について紹介する。

　（研究中）

　④研究データの保存：研究データの保存先を検討する上でのポイント，情報セキュリティ対策，バックアップをする時の注意点などを説明する。

　⑤データの検索・発見・収集：既存の研究データの検索・発見・収集方法を紹介する。

　⑥データ分析：実際の研究データを分析するにあたってのポイントや注意点について説明する。

　⑦加工・分析中のデータ管理：データを用いた研究を実施する際の，データの加工及び分析中のデータ管理について説明する。

　⑧DMPの更新：DMPを更新する際におさえておきたいポイントについて説明する。

　（研究後）

　⑨データの引用：データを引用する意義とその方法について紹介する。

　⑩データの公開方針の決定：データの公開方針の決定について紹介する。

　⑪リポジトリへのデータ登録：リポジトリへのデータ登録について説明する。

　⑫データ論文を通じたデータ公開：データ論文を通じたデータ公開について紹介する。

4.3.3.6 「学認 LMS」の開発と試用プロジェクト

RDM 教材の開発と並行して，NII のオープンサイエンス基盤研究センターは，学術認証フェデレーション「学認（GakuNin）」により各大学からの Shibboleth 認証が可能な学習管理システム「学認 LMS」の開発に着手した。学認 LMS では，受講者の学習状況の詳細なログを分析し，今後の教材開発に役立てることが可能になるため，JPCOAR と NII は，RDM 教材をオンライン講座として提供するためのプラットフォームとして，学認 LMS を利用することを決定した。

JPCOAR と NII は，学認 LMS の開発に資するために，「研究データ管理サービスの設計と実践」の動画教材を作成し，教材コンテンツと学認 LMS のシステム機能に関する試用プロジェクトを2018年と2019年に実施した[140]。これらの試用プロジェクトから得たフィードバックを参考にしつつ，教材コンテンツと学認 LMS に改良を加え，2021年6月学認 LMS の正式運用を開始した。2021年12月現在，RDM に関しては，「オープンサイエンス時代の研究データ管理」「研究データ管理サービスの設計と実践（第2版）」「研究者のための研究データ管理マネジメント」の3講座が提供されている[141]。

4.3.3.7 「研究データ管理支援人材に求められる標準スキル（ver.0.1）」の策定

2021年9月，国立情報学研究所オープンサイエンス研究データ基盤作業部会トレーニング・サブ・ワーキング・グループが策定した「研究データ管理支援人材に求められる標準スキル（ver.0.1）」が公開された[142]。本標準スキルは，研究データ管理の支援に関わる「業務」をフレームワークとして，研究データ管理の支援業務を遂行するにあたって，研究分野を問わずに求められる，知識・技術（スキル）・能力・行動特性（コンピテンシー）」を整理したものであり。研究データ管理に関する人材育成のための教材開発に活用すること，及び大学などで研究データ管理支援の組織モデルを作る際の参考にすることが主たる使用目的とされている。

一般に，この種の標準スキルを作成するには，文献調査，業務の分析，需要の把握，という三つの作業が必要であるとされている。しかしながら，現状では，ごく一部を除き国内の研究機関において機関レベルでの「研究データ管理

に関する支援業務」は，ほぼ実施されていない。そのため，（1）国内外の既存の研究データ管理支援者向け教材，（2）国外大学等の実践事例の確認，（3）国外のデータライブラリアンや関連職種のコンピテンシーに関する文献，（4）国内の類似専門職のスキル標準に関する文献などを参考にしつつ，策定作業が進められた。

　こうした作業を経て特定されたスキルは，「汎用スキル」（29スキル）と「専門スキル」（61スキル）の二つに大別されている。「汎用スキル」は，研究データ管理の支援段階や業務内容を超えて，常に必要となる，基本的なスキルとコンピテンシーを中心に構成されている。一方，「専門スキル」は，研究データ管理の支援業務を遂行する「各段階」と「各業務」に応じて，個別に必要となる専門的なスキルやコンピテンシーで構成されている。また，スキルごとに，それを身につけ業務を担うべき職種についても参考として例示している。

　今後，大学等の機関には，標準スキルを参照しながら教育プログラムや教材を開発し，RDM 支援人材を育成し，加えて，研究データ管理支援のための全学的な組織を作り，研究支援サービスを実践していくことが期待されている。さらに，各機関における実践の結果を踏まえ，標準スキルを見直していくというポジティブな循環が生まれることを望みたい。

4.3.3.8　実践の広がりへの期待

　RDM 教材に対しては，受講者からさまざまな意見や要望が寄せられている。そのなかで，最も切実なものは，「事例が海外のものばかりで参考にならない，国内の事例がほしい」という声だった。たしかに，教材で取り上げられている事例のほとんどは海外のものばかりである。また，標準スキルの策定に当たっても，海外の教材や実践事例を参考にせざるを得なかった。残念ながら，国内では，機関レベルでの「研究データ管理」はほぼ実施されていないので，如何ともしがたい。

　というわけで，RDM の実践に踏み出す「ファースト・ペンギン」を待ち望んでいたところ，2019年2月に，京都大学図書館機構がアカデミックデータ・イノベーションユニットの協力のもと，学術論文に紐づく研究データの公開への取り組みを開始した，とのニュースが流れた[143]。また，2021年3月に閣議

決定された『第6期科学技術・イノベーション基本計画』において，機関リポジトリを有する全ての大学・大学共同利用機関法人・国立研究開発法人については，2025年までに，データポリシーの策定を行うこととされた[144]。この政策を受け，機関としてのポリシーを策定する大学や研究所も少しずつではあるが増え始めており，国内でも RDM の組織的な実践が広まっていくことが期待される。国内の事例を中心とした RDM 教材が作られる日も，そう遠いことではないだろう。

引用・参考文献

1：Cobb, M. The prehistory of biology preprints: a forgotten experiment from the 1960s. PeerJ Preprints. 2017, 5:e3174v1, https://doi.org/10.7287/peerj.preprints.3174v1, (accessed 2022-08-01).

2：九後太一. e-プリント・アーカイブの衝撃. 静脩. 2002, vol.39, no.3, p.1-5, http://hdl.handle.net/2433/37683, (参照 2022-08-01).

3：arXiv. https://arxiv.org/, (accessed 2022-08-01).

4：SSRN. https://www.ssrn.com/index.cfm/en/, (accessed 2022-08-01).

5：RePEc. http://repec.org/, (accessed 2022-08-01).

6：bioRxiv. https://www.biorxiv.org/, (accessed 2022-08-01).

7：PeerJ Preprints. https://peerj.com/preprints/, (accessed 2022-08-01).

8：Johnson, Rob, Chiarelli, Andrea. "The second wave of preprint servers: how can publishers keep afloat?". The Scholarly Kitchen, https://scholarlykitchen.sspnet.org/2019/10/16/the-second-wave-of-preprint-servers-how-can-publishers-keep-afloat/, (accessed 2022-08-01).

9：引原隆士. arXiv.org の次世代システムの公開と戦略. SPARC Japan NewsLetter. 2018, no.34, p.7-19, https://www.nii.ac.jp/sparc/event/2017/pdf/20171030_doc2.pdf, (参照 2022-08-01).

10："Monthly statistics for December 2018". PrePubMed. http://www.prepubmed.org/monthly_stats/, (accessed 2022-08-01).

11：Tennant, Jonathan, et al. The Evolving preprint landscape: introductory report for the Knowledge Exchange Working Group on Preprints. MetaArXiv Preprints, 2018, 10.31222/osf.io/796tu, https://doi.org/10.31222/osf.io/796tu, (accessed 2022-08-01).

12：Center for Open Science. https://cos.io/, (accessed 2022-08-01).

13：Center for Open Science. Open Science Framework. https://osf.io/, (accessed 2022-08-01).

14：Marshall, E. Franz Ingelfinger's legacy shaped biology publishing. Science. 1998, vol.282, no.5390. p.861, https://doi.org/10.1126/science.282.5390.861, (accessed 2022-08-01).

15："List of academic journals by preprint policy". Wikipedia. https://en.wikipedia.org/wiki/List_of_academic_journals_by_preprint_policy, (accessed 2022-08-01).

16：Ginsparg, Paul. Winners and losers in the global research village. The Serials Librarian. 1997, vol.30, no.3-4, p.83-95, https://doi.org/10.1300/J123v30n03_13, (accessed 2022-08-01).

17：Discrete Analysis. https://discreteanalysisjournal.com/, (accessed 2022-08-01).

18：Episciences. https://www.episciences.org/, (accessed 2022-08-01).

19：HAL. https://hal.archives-ouvertes.fr/, (accessed 2022-08-01).

20：COAR. https://www.coar-repositories.org/, (accessed 2022-08-01).

21："Inviting community input: Pubfair". COAR. https://www.coar-repositories.org/news-updates/inviting-community-input-pubfair/, (accessed 2022-08-01).

22："Pubfair, version 2 now available". COAR. https://www.coar-repositories.org/news-updates/pubfair-version-2-now-available/, (accessed 2022-08-01).

23：University Journals. https://universityjournals.eu/, (accessed 2022-08-01).

24：F1000Research. https://f1000research.com/, (accessed 2022-08-01).

25：佐藤翔. Gates Open Research のいま. 情報の科学と技術. 2019, vol.69, no.1, p.40-42, https://doi.org/10.18919/jkg.69.1_40, (参照 2022-08-01).

26："In Review". Springer Nature. https://www.springernature.com/gp/authors/campaigns/in-review, (accessed 2022-08-01).

27："F1000 Research joins Taylor & Francis Group". Taylor & Francis. https://newsroom.taylorandfrancisgroup.com/f1000-research-joins-taylor-francis/, (accessed 2022-08-01).

28："F1000Research is now open to all disciplines". Taylor & Francis. https://newsroom.taylorandfrancisgroup.com/f1000research-is-now-open-to-all-disciplines/, (accessed 2022-08-01).

29：ChemRxiv. https://chemrxiv.org/, (accessed 2022-08-01).

30：TechRxiv. https://www.techrxiv.org/, (accessed 2022-08-01).

31：Schonfeld, Roger C. "Workflow strategy for those left behind: strategic context". The Scholarly Kitchen. 2017-12-18, https://scholarlykitchen.sspnet.org/2017/12/18/workflow-strategy-left-behind-context/, (accessed 2022-08-01).

32：Knowledge Exchange. "Accelerating scholarly communication: the transformative

role of preprints". 2019, https://repository.jisc.ac.uk/7525/1/Knowledge_
Exchange_Accelerating_Scholarly_Communications_Sept_2019.pdf, (accessed
2022-08-01).

33：Mallapaty, Smriti. Popular preprint servers face closure because of money trou-
bles. Nature. 2020, vol.578, no.7795, p.349. https://doi.org/10.1038/d41586-020-
00363-3, (accessed 2022-08-01).

34：野村紀匡. プレプリントの動向とプレプリントサービスのビジネスモデル. 情報の
科学と技術. 2021, vol.71, no.9, p.408-413, https://doi.org/10.18919/jkg.71.9_408,
(参照 2022-08-01).

35：OECD. Making Open Science a Reality. OECD Publishing. 2015, 108p, (OECD Sci-
ence, Technology and Industry Policy Papers, no.25). https://doi.
org/10.1787/5jrs2f963zs1-en, (accessed 2022-08-01).

36：2019-nCoV outbreak is an emergency of international concern. World Health Or-
ganization, 2020-01-31. http://www.euro.who.int/en/health-topics/emergencies/
pages/news/news/2020/01/2019-ncov-outbreak-is-an-emergency-of-
international-concern, (accessed 2020-02-06).

37："公衆衛生の危機に際して、データ共有を進める声明（仮訳）". 国立研究開発法人
日本医療研究開発機構, 2016-02-16. https://www.amed.go.jp/news/
topics/20160216.html, (参照 2022-08-01).

38："日本医療研究開発機構（AMED）は新型コロナウイルスの流行に対処するため、
新型コロナウイルスに関連する研究成果とデータを広く迅速に共有する声明（令和
2年1月31日）に署名しました". 国立研究開発法人日本医療研究開発機構, 2020-
02-03. https://www.amed.go.jp/news/topics/20200203.html, (参照 2022-08-01).

39："Sharing research data and findings relevant to the novel coronavirus (nCoV)
outbreak". Wellcome, 2020-01-31. https://wellcome.org/press-release/sharing-
research-data-and-findings-relevant-novel-coronavirus-ncov-outbreak, (ac-
cessed 2023-01-20).

40："SARS-CoV-2 Data Hub". National Center for Biotechnology Information. https://
www.ncbi.nlm.nih.gov/labs/virus/vssi/#/virus?SeqType_s=Nucleotide&
VirusLineage_ss=Wuhan%20-seafood%20market%20pneumonia%20virus,%
20-taxid:2697049, (accessed 2022-08-01).

41：Wu, F. et al. Severe acute respiratory syndrome coronavirus 2 isolate Wuhan-
Hu-1, complete genome. National Library of Medicine (GenBank), MN908947.3,
https://www.ncbi.nlm.nih.gov/nuccore/MN908947, (accessed 2022-08-01).

42：Dong, N. et al. "Genomic and protein structure modelling analysis depicts the ori-
gin and infectivity of 2019-nCoV, a new coronavirus which caused a pneumonia
outbreak in Wuhan, China". bioRxiv, 2020-01-22. https://doi.

org/10.1101/2020.01.20.913368, (accessed 2022-08-01).

43："2019-nCoV Resource Centre". The Lancet. https://www.thelancet.com/coronavirus, (accessed 2022-08-01).

44：前掲注39。

45："Covid-19: Novel Coronavirus Outbreak". Wiley Online Library. https://novel-coronavirus.onlinelibrary.wiley.com, (accessed 2022-08-01).

46：COVID-19: Novel Coronavirus Content Free to Access. Taylor & Francis. https://taylorandfrancis.com/coronavirus/, (accessed 2022-01-25).

47：Coronavirus (COVID-19) Research Highlights. Springer Nature. https://www.springernature.com/gp/researchers/campaigns/coronavirus, (accessed 2022-08-01).

48：Mitchell, A.; Swaminathan, S. "Maximising the benefits of early sharing". Springer Nature. 2019-05-23. https://www.springernature.com/gp/advancing-discovery/springboard/blog/maximising-the-benefits-of-early-sharing/16744616, (accessed 2023-01-20).

49："A first-of-its-kind author service". Research Square. https://www.research square.com/publishers/in-review, (accessed 2020-02-06).

50："Press Releases: Novel Coronavirus – (2019-nCoV)". Springer Nature. 2020-01-30. https://group.springernature.com/gp/group/media/press-releases/springer-nature-coronavirus/17607604, (accessed 2022-08-01).

51："新型コロナウイルス：国立感染症研究所が開発した細胞で分離に成功". 国立感染症研究所. 2020-01-31. https://www.niid.go.jp/niid/ja/basic-science/virology/9369-2020-virology-s1.html, (参照 2022-08-01).

52："新型コロナウイルスの分離に利用可能な細胞株の提供開始について". 国立研究開発法人医薬基盤・健康・栄養研究所. 2020-02-04. https://www.nibiohn.go.jp/information/nibio/2020/02/006237.html, (参照 2022-08-01).

53："Alibaba and Baidu offer AI gene sequencing tools to help fight the China corona-virus outbreak". KrASIA. 2020-01-31. https://kr-asia.com/alibaba-and-baidu-offer-ai-gene-sequencing-tools-to-help-fight-the-china-coronavirus-outbreak, (accessed 2022-08-01).

54：Caulfield, Timothy et al. Open science versus commercialization: A modern re-search conflict?. Genome Medicine. 2012, vol.4, no.2, [article number]17. https://doi.org/10.1186/gm316, (accessed 2022-08-01).

55："Editorial: Open for business". Scientific Data. 2017-06-13. https://doi.org/10.1038/sdata.2017.58, (accessed 2022-08-01).

56：Pradhan, P. et al. "Uncanny similarity of unique inserts in the 2019-nCoV spike protein to HIV-1 gp120 and Gag". bioRxiv. [retracted 2020-02-02]. https://doi.

org/10.1101/2020.01.30.927871, (accessed 2022-08-01).

57：池内有為，林和弘，赤池伸一．“研究データ公開と論文のオープンアクセスに関する実態調査”．NISTEP RESEARCH MATERIAL．文部科学省科学技術・学術政策研究所，2017，調査資料268，108p．https://doi.org/10.15108/rm268，（参照 2022-08-01）．

58：近藤康久．レポート紹介『地球環境研究におけるオープンデータ：ベルモント・フォーラムによるオープンデータ調査』．情報管理，2016，vol.59，no.4，p.250-258．https://doi.org/10.1241/johokanri.59.250，（参照 2022-08-01）．

59："Novel Coronavirus (2019-nCoV) Situation Report – 13". World Health Organization. https://www.who.int/docs/default-source/coronaviruse/situation-reports/20200202-sitrep-13-ncov-v3.pdf, (accessed 2022-08-01).

60："Coronavirus: UN health agency moves fast to tackle 'infodemic'; Guterres warns against stigmatization". UN News, 2020-02-04. https://news.un.org/en/story/2020/02/1056672, (accessed 2022-08-01).

61：災害時に医療や公衆衛生に関するガイドライン，報告書，図書，ウェブページなどの情報を提供するデータベース。NLM は，検索式 "(coronavirus AND novel) OR Wuhan" による結果のリンクを提供している。https://disasterinfo.nlm.nih.gov/search/?q= (coronavirus%20 AND%20novel) %20OR%20Wuhan, (accessed 2020-02-06).

62："SARS-CoV-2". National Library of Medicine. https://www.ncbi.nlm.nih.gov/mesh/2052180, (accessed 2022-12-25). ※その後も随時 SARS-CoV-2および COVID-19に関する補足概念用語が追加されている。

63：池内有為，林和弘．プレプリントの利活用と認識に関する調査2020：COVID-19と学術情報流通の現状．STI Horizon．2021，vol.7，no.2，p.41-46．https://doi.org/10.15108/stih.00259，(accessed 2022-08-01).

64："Initiative for Open Citations (I4OC) launches with early success". I4OC: Initiative for Open Citations. https://i4oc.org/press.pdf, (accessed 2022-08-01).

65：Shotton, David. "Milestone for I4OC: open references at Crossref exceed 50%". OpenCitations blog. https://opencitations.wordpress.com/2017/11/24/milestone-for-i4oc-open-references-at-Crossref-exceed-50/, (accessed 2022-08-01).

66："【図書館機構】2019年度京都大学図書館機構講演会「オープン・サイテーションと機関リポジトリの展開」"．京都大学図書館機構．2019-04-08．https://www.kulib.kyoto-u.ac.jp/bulletin/1381711，（参照 2022-08-01）．

67：西岡千文，北村由美．オープン・サイテーションと機関リポジトリの展開〈報告〉．カレントアウェアネス -E．2019，no.373，e2160．http://current.ndl.go.jp/e2160，（参照 2022-08-01）．

68：Peroni, Silvio. "Open Citations 101: Historical Background and Current Developments". 2019年度京都大学図書館機構講演会「オープン・サイテーションと機関リポジトリの展開」. 京都市, 2019-05-20, 京都大学図書館機構. 2019, http://hdl.handle.net/2433/241636, （参照 2022-08-01）.

69：前掲注68。

70：前掲注68。

71：前掲注68。

72："CROCI, the Croudsourced Open Citations Index". OpenCitations. https://opencitations.net/index/croci, (accessed 2022-08-01).

73：前掲注68。

74：西岡千文, 亀田尭宙, 佐藤翔. 日本の学術出版物における引用データのオープン化の現状分析. 情報処理学会研究報告：人文科学とコンピュータ（CH）. 2019, no.5, p.1-8.

75：西岡千文. "日本におけるオープンアクセスとオープン・サイテーションの現状". 2019年度京都大学図書館機構講演会「オープン・サイテーションと機関リポジトリの展開」. 京都市, 2019-05-20, 京都大学図書館機構. 2019, http://hdl.handle.net/2433/241635, （参照 2022-08-01）.

76："Principles and Implementation". Plan S. https://www.coalition-s.org/principles-and-implementation/, (accessed 2022-08-01).

77："オープン・サイテーションとは？：欧米で進む引用データのオープン化と日本における現状". 図書館総合展. https://2019.libraryfair.jp/poster/2019/8671, （参照 2019-08-17）.

78：Shotton, David. "Coverage of open citation data approaches parity with Web of Science and Scopus". OpenCitations blog. 2021-10-27. https://opencitations.wordpress.com/2021/10/27/coverage-of-open-citation-data-approaches-parity-with-web-of-science-and-scopus/#:~:text=Considering%20the%20citations%20available%20in,the%2057%25%20covered%20by%20Scopus, (accessed 2022-08-01).

79：池内有為, 林和弘. 研究データ公開と論文のオープンアクセスに関する実態調査：オープンサイエンスの課題と展望. STI Horizon. 2017, vol.3, no.4, p.27-32. http://doi.org/10.15108/stih.00106, （accessed 2022-08-01）.

80：Ball, Alex; Duke, Monica. How to Cite Data Sets and Link to Publications. Digital Curation Centre. 2015, 15p. http://www.dcc.ac.uk/sites/default/files/documents/publications/reports/guides/How_to_Cite_Link.pdf, (accessed 2022-08-01).

81：Kafkas, Senay et al. Database citation in supplementary data linked to Europe PubMed Central full text biomedical articles. Journal of Biomedical Semantics. 2015, vol.6, no.1, http://doi.org/10.1186/2041-1480-6-1, (accessed 2022-08-01).

82：Huang, Yi-Hung et al. Citing a data repository: A case study of the Protein Data

Bank. PLOS ONE. 2015, vol.10, no.8, e0136631, http://doi.org/10.1371/journal. pone.0136631（accessed 2022-08-01）.

83：リサーチデータサイテーション小委員会. "リーフレット「研究データに DOI を付与するには？5 分でわかる研究データ DOI 付与」". 研究データ利活用協議会, 2019. https://doi.org/10.11502/rduf_rdc_doileaflet,（参照 2022-12-25）. ※連載時はオーストラリア国立データサービス（ANDS）の "Building a Culture of Data Citation" と題するリーフレットを引用していたが, リンク切れのため, 同リーフレットを参考に作成されたものを示す。

84：CODATA-ICSTI Task Group on Data Citation Standards and Practices; Socha, Yvonne M [ed]. Out of cite, out of mind: the current state of practice, policy, and technology for the citation of data. Data Science Journal. 2013, vol.12, p.CIFCR1-CIFCR75. http://doi.org/10.2481/dsj.OSOM13-043,（accessed 2022-08-01）.

85："Joint Declaration of Data Citation Principles: FINAL". FORCE11. 2014. https://doi.org/10.25490/a97f-egyk,（accessed 2022-08-01）. ※2020年 1 月には日本語訳が公開された（https://doi.org/10.11502/rduf_rdc_jddcp_ja）.

86：Smith, Arfon M. et al. Software citation principles. PeerJ Computer Science. 2016, vol.2, e86. https://doi.org/10.7717/peerj-cs.86,（accessed 2022-08-01）.

87：Mayo, Christine et al. The location of the citation: Changing practices in how publications cite original data in the Dryad Digital Repository. International Journal of Digital Curation. 2016, vol.11, no.1, p.150-155. http://doi.org/10.2218/ijdc.v11i1.400,（accessed 2022-08-01）.

88：Hull, Elizabeth. "The Location of the Citation: Are Data Citation Recommendations Having an Effect?". DataCite Blog. 2016-03-28. https://doi.org/10.5438/f17b-45vz,（accessed 2022-08-01）.

89：I4OC. https://i4oc.org,（accessed 2023-01-20）.

90："Crossref / rest-api-doc". GitHub. 2022-10-20. https://github.com/CrossRef/rest-api-doc,（accessed 2023-01-20）.

91：OpenCitations. http://opencitations.net,（accessed 2023-01-20）.

92：Make Data Count. https://makedatacount.org/,（accessed 2023-01-20）.

93：Make Data Count. "Implementing the COUNTER Code of Practice for Research Data in Repositories". GitHub. 2018. https://github.com/CDLUC3/Make-Data-Count/blob/master/getting-started.md,（accessed 2022-08-01）.

94：Science, Digital et al. "The State of Open Data 2021". Digital Science, 2021-11-30. https://doi.org/10.6084/m9.figshare.17061347.v1,（accessed 2022-08-01）.

95：Tenopir, Carol et al. Data sharing, management, use, and reuse: Practices and perceptions of scientists worldwide. PLoS ONE, 2020, vol.15, no.3, e0229003. https://doi.org/10.1371/journal.pone.0229003,（accessed 2022-08-01）.

96：池内有為，林和弘．"研究データ公開と論文のオープンアクセスに関する実態調査
2020"．NISTEP RESEARCH MATERIAL．文部科学省科学技術・学術政策研究所，
2021，調査資料316，124p．https://doi.org/10.15108/rm316，（参照 2022-08-01）．

97：COAR Next Generation Repositories．http://ngr.coar-repositories.org/，（accessed
2022-08-01）．

98：林正治．次世代リポジトリの機能要件および技術勧告．カレントアウェアネス -E.
2018，no.344，http://current.ndl.go.jp/e2011，（参照 2022-08-01）．

99："Pubfair"．COAR．https://www.coar-repositories.org/news-updates/inviting-
community-input-pubfair/，（accessed 2022-08-01）．

100："Pubfair. Version 2"．COAR．https://www.coar-repositories.org/news-updates/
pubfair-version-2-now-available/，（accessed 2022-08-01）．

101：林正治．分散型のオープンな出版フレームワーク"Pubfair"．カレントアウェアネ
ス -E. 2020，no.390，https://current.ndl.go.jp/e2255，（参照 2022-08-01）．

102：Roosendaal, Hans E.; Geurts, Petrus A. T. M. Forces and functions in scientific
communication: an analysis of their interplay. 1997, p.1-32. Paper presented at
Conference on "Co-operative Research in Information Systems in Physics".
https://research.utwente.nl/en/publications/forces-and-functions-in-scientific-
communication-an-analysis-of-t, （accessed 2022-01-17）．

103："Overlay model for peer review on repositories"．COAR．2020．https://www.
coar-repositories.org/news-updates/overlay-proposed-model/，（accessed 2022-
08-01）．

104："COAR Launches the "Notify Project""．COAR．2021-02-05．https://www.coar-
repositories.org/news-updates/coar-launches-the-notify-project/，（accessed
2022-08-01）．

105："ASAPbio / COAR Survey on Preprint Sharing in Repositories"．COAR．2021-
08-04．https://www.coar-repositories.org/news-updates/asapbio-coar-survey-on-
preprint-sharing-in-repositories/，（accessed 2022-08-01）．

106：大和田康代，石津朋之．クラウドファンディングによる資料費獲得への取り組み：
図書館員はクラウドファンディングの夢をみるか？．図書館雑誌．2017．vol.111，
no.8，p.502-503．

107：大田原章雄，西山朋代．SP レコード保存のためのクラウドファンディング．大学
図書館研究．2018，no.110．https://doi.org/10.20722/jcul.2018，（参照 2022-08-01）．

108："園芸に関する最新の知と歴史的な知の社会との共有を目指して：千葉大学初のク
ラウドファンディングを開始"．千葉大学．2018-10-24．https://www.chiba-u.
ac.jp/general/publicity/press/files/2018/20181024engei.pdf，（参照 2022-08-01）．

109：徳島大学附属図書館．"クラウドファンディングに挑戦します！：未公開の貴重資
料をデジタル化したい"．2019-02-01．https://www.lib.tokushima-u.ac.jp/news/

news18/2019020102.html, （参照 2022-08-01）.

110：“貴重資料「菅文庫」の修繕をめざすクラウドファンディングを公開しました”. 茨木大学図書館. http://www.lib.ibaraki.ac.jp/news/index.php?id=252, （参照 2022-08-01）.

111：OPERAS. “OPERAS White Paper: Open Access Business Models”. Zendo. 2018-07-30. https://doi.org/10.5281/zenodo.1323707, (accessed 2022-08-01).

112：SCOAP3: Sponsoring Consortium for Open Access Publishing in Particle Physics. https://scoap3.org/. (accessed 2022-08-01).

113：SCOAP3 Team. “SCOAP3 for Books pilot project started”. SCOPA3. 2020-06-29. https://scoap3.org/scoap3-for-books-pilot-project-started/. (accessed 2022-08-01).

114：“Subscribe to Open”. Annual Review. https://www.annualreviews.org/page/subscriptions/subscribe-to-open, (accessed 2022-08-01).

115：“Number of Subscribe-to-Open Journals and Publishers”. https://docs.google.com/document/d/1Me7X0HtV4n4Q-KWIu7HxORMGg8aWfC6mSGo8hRvlF5k/edit, (accessed 2023-01-20).

116：“Subscribe to Open: S20 Community of Practice”. https://subscribetoopencommunity.org/, (accessed 2022-08-01).

117：arXiv. https://arxiv.org/, (accessed 2022-08-01).

118：arXiv. “Our Members: 2022”. arXiv. https://arxiv.org/about/ourmembers, (accessed 2023-01-20).

119：Knowledge Unlatched. https://knowledgeunlatched.org/, (accessed 2022-08-01).

120：“Wiley Acquires Open Access Innovator Knowledge Unlatched”. Wiley. 2021-12-02. https://newsroom.wiley.com/press-releases/press-release-details/2021/Wiley-Acquires-Open-Access-Innovator-Knowledge-Unlatched/default.aspx, (accessed 2022-08-01).

121：*transcript* OPEN Library Political Science. https://www.transcript-publishing.com/open-library-political-science, (accessed 2023-01-20).

122：Reveal Digital. https://about.jstor.org/revealdigital/, (accessed 2022-08-01).

123：“Reveal Digital joins ITHAKA”. ITHAKA. 2019-02-13. https://www.ithaka.org/news/reveal-digital-joins-ithaka/, (accessed 2022-08-01).

124：“The MIT Press launches Direct to Open”. The MIT Press. https://mitpress.mit.edu/blog/the-mit-press-launches-direct-open, (accessed 2022-08-01).

125：“Direct to Open enables the MIT Press to publish its full list of spring 2022 monographs and edited collections open access”. The MIT Press. https://mitpress.mit.edu/blog/direct-to-open-enables-the-mit-press-to-publish-its-full-list-of-spring-2022-monographs-and-edited-collections-open-access/, (accessed 2023-

01-10).

126：Reinsfelder, Thomas L.; Pike, Caitlin A. Using library funds to support open access publishing through crowdfunding: going beyond article processing charges. Collection Management. 2018, vol.48, no.2, p.138-149, https://doi.org/10.1080/01462679.2017.1415826, (accessed 2022-08-01).

127："About RDM". Research Data Oxford. http://researchdata.ox.ac.uk/home/introduction-to-rdm/, (accessed 2022-08-01).

128：Stuart, David et al. Whitepaper: Practical challenges for researchers in data sharing. Springer Nature. 2018-03-21, 30p. https://doi.org/10.6084/m9.figshare.5975011, (accessed 2022-08-01).

129：池内有為ほか．"研究データ公開と論文のオープンアクセスに関する実態調査"．NISTEP RESEARCH MATERIAL. 文部科学省科学技術・学術政策研究所，2017，調査資料268，108p. https://doi.org/10.15108/rm268，（参照 2022-08-01）．

130："Information Services: Research Data Service". The University of Edinburgh. https://www.ed.ac.uk/information-services/research-support/research-data-service, (accessed 2022-08-01).

131："Research Data MANTRA". The University of Edinburgh. https://www.ed.ac.uk/information-services/about/organisation/edl/data-library-projects/mantra, (accessed 2022-08-01).

132：RDMRose. "RDMRose Learning Materials". Wayback Machine. http://web archive.org/web/20220211133941/http://rdmrose.group.shef.ac.uk/?page_id=10, (accessed 2023-01-10).

133：FOSTER. https://www.fosteropenscience.eu/, (accessed 2022-08-01).

134：西薗由依ほか．"研究データ管理の理解促進と支援体制構築に向けた教材開発の取り組み"．大学 ICT 推進協議会 2016年度年次大会論文集．京都市，2016-12-14/16，大学 ICT 推進協議会．2016，https://reg.axies.jp/pdf2016/FF26.pdf，（参照 2022-08-01）．

135：前田翔太ほか．"RDM トレーニングツール"．オープンアクセスリポジトリ推進協会．https://jpcoar.repo.nii.ac.jp/records/34，（参照 2022-08-01）．

136：古川雅子ほか．"研究データ管理オンライン講座の開発と受講者特性の分析"．情報教育シンポジウム論文集．vol.2018，no.12，水俣市，2018-08-19/21，情報処理学会．2018，p.84-89.

137：吉田幸苗ほか．"教材「研究データ管理サービスの設計と実践」"．オープンアクセスリポジトリ推進協会．https://jpcoar.repo.nii.ac.jp/records/128，（参照 2022-08-01）．

138：吉田幸苗ほか．"教材「研究データ管理サービスの設計と実践」第2版"．オープンアクセスリポジトリ推進協会．https://jpcoar.repo.nii.ac.jp/records/607，（参照 2022-08-01）．

139：西薗由依ほか．"教材「研究者のための研究データマネジメント」"．オープンアク
セスリポジトリ推進協会．https://jpcoar.repo.nii.ac.jp/records/294，（参照 2022-
08-01）．

140：西薗由依ほか．日本における研究データ管理教材の開発経緯．情報の科学と技術．
2021，vol.71，no.4，p.187-193，https://doi.org/10.18919/jkg.71.4_187，（参照
2022-08-01）．

141：国立情報学研究所 学術基盤推進部．学認 LMS．https://lms.nii.ac.jp/，（参照
2022-08-01）．

142：国立情報学研究所 オープンサイエンス研究データ基盤作業部会トレーニング・サブ・
ワーキング・グループ．"研究データ管理支援人材に求められる標準スキル（ver.0.1）"．
国立情報学研究所機関リポジトリ．https://doi.org/10.20736/0002000219，（参照 2022-
08-01）．

143：国立国会図書館．"京都大学図書館機構、研究データの公開支援サイト（試行）を
公開"．カレントアウェアネス・ポータル．https://current.ndl.go.jp/node/37643，
（参照 2022-08-01）．

144：内閣府．"第6期科学技術・イノベーション基本計画"．https://www8.cao.go.jp/
cstp/kihonkeikaku/index6.html，（参照 2022-08-01）．

5章

その他の論点

5.1 異版にまつわるエトセトラ

5.1.1 異版の存在

グリーンオープンアクセス（OA）において，著作権を握りしめている商業
出版社がリポジトリでの公開を許可しているのは，学術雑誌論文の著者最終稿
（peer-reviewed manuscript）であることが多い。結果，世の中（ウェブ）に出版
社版と著者最終稿という二つの版が公開され，出版社が苦しんでいるようだ。
それだけなら良いのだが（良いのか？），引いては著者である研究者自身の不利
益につながることもありうる。

5.1.2 版の乱立による問題

一つにはアクセス統計の問題がある。同じ論文の複数の版に対して読者のア
クセスが分散し，その論文に対する「真の」需要が見えづらくなる。科学技術
振興機構（JST）や千葉大学附属図書館が契約中のCHORUS[1]，あるいはElse-
vierとフロリダ大学等のパイロットプロジェクト[2]では，著者最終稿（正確には
「publicly available version」と呼ばれる版）を機関リポジトリではなく出版社のサ
イトで公開する。そのメリットとして，アクセス数が分散せず著者の利益に適
うという点が挙げられている。

また，引用の問題もある。出版社版以外の版が引用されることで実質的に被
引用数が目減りすることもありうる。プレプリントが被引用数やインパクトフ
ァクターに与える影響を危惧する記事がブログ「Scholarly Kitchen」に掲載さ

れていた[3]。出版社と著者の双方にとって無視できない問題だろう。

　オープンアクセスの推進は著者である研究者のためでもあり，彼らの不利益はもちろん私たちリポジトリコミュニティにとっても本意ではない。

5.1.3　メタデータで異版を記述する

　通常，著者最終稿は出版社版より後に公開される。したがって，リポジトリのメタデータで著者最終稿→出版社版というリンク付けが可能である（出版社もリポジトリ公開を認める代わりにそう要求してくる）。

　ただ，近年話題のプレプリントは出版に先立って公開されるため，同じようにはいかない。とはいえ，世界的な研究活動の加速を踏まえると，プレプリントの引用を禁止するわけにもいかないだろう。筆者が数学を専攻していた学生時代（15年以上前）でも，arXiv に掲載されたプレプリントを大量に引用したプレプリントが arXiv にポストされるという例は珍しくもなかった。今後は，出版社版という "完成品" ではなく，プレプリントという "初版" を中心に据えてシステムを設計していく必要があるのかもしれない。その意味で，Crossref がプレプリントへの DOI（デジタルオブジェクト識別子）付与を解禁したのは慧眼だったといえよう[4]。

　メタデータ管理という観点からは，あらゆる版に識別子（ID）を付与し，異版同士の関係性（relation）をきちんと記述しておけば良いと言える。例えば，機関リポジトリで公開する著者最終稿にも DOI を付与し，そのメタデータには出版社版の DOI を記述するといったふうに。筆者も策定に関わった，日本の機関リポジトリのメタデータ標準 junii2 の後継規格 JPCOAR スキーマでは，jpcoar：relation という要素で関係性を厳密に記述できるようになっている[5]。

　版の記述方法を世界的に標準化する必要もあるだろう。雑誌論文に関しては米国情報標準化機構（NISO）の推奨事項「Journal Article Versions」（NISO-RP-8-2008）がある。英国のメタデータスキーマ RIOXX 2.0[6]で使用されているほか，欧州の OpenAIRE のガイドラインのバージョン 4[7]でも採用されている。オープンアクセスリポジトリ連合（COAR）が策定を進めている統制語彙 Version Types Vocabulary[8]にも注目が必要である。

5.1.4 機械的に異版を関連付ける？

　もっとも，こうした異版管理を人手で行うのは実際にはなかなか大変である。何かうまい方法はないだろうか？　2018年5月に，NISO が策定中の推奨事項「Manuscript Exchange Common Approach（MECA）」について発表を行った（その後，2020年7月に正式に策定された）[9, 10]。

　ある出版社のジャーナルに投稿した論文が査読でリジェクトされた場合，そのまま同じ出版社の別のジャーナルにまわされることがある。いわゆるカスケード査読である。これは同一出版社内の話だが，異なる出版社間でも同じことができるように共通のプロトコルを定めるというのが "Manuscript transfers across boundaries" を謳う MECA のアイディアである。これによって，著者を苦しめる論文再投稿の負担を軽減するとともに，再査読の無駄をなくすことで年間1,500万時間を要する[11]査読システムを効率化することができるという。

　MECA の仕様案[12]によると「必要なファイル（Manifest.xml, Transfer.xml, Article.xml（JATS 準拠），PeerReview.xml 等）を ZIP ファイルに圧縮し，FTP/SFTP で転送する（今後は RESTful API や SWORD への移行も検討）」という内容である。各 XML ファイルの記述方法（語彙）の策定が肝であろう。査読に関する情報も転送対象になっているが，著者自身が必ずしも希望するとは限らないため必須にはなっていない。

　MECA の主眼はジャーナルからジャーナルへの転送にあるが，そのレンジは広い。現在は，オープンアクセスジャーナル *PLOS* とプレプリントサーバ bioRxiv の相互連携[13, 14]，論文執筆ツール Overleaf からジャーナルへの投稿[15]，オンライン投稿査読システム Editorial Manager でのジャーナル間転送[16]といった連携が各々独自の方法で行われている。MECA によってこれらの実装を共通化することができ，連携が進んでいく可能性がある。

　最も筆者の関心を惹いたのは，ジャーナル／出版社を超えて原稿を扱うためにそれらに依存しないニュートラルな「原稿 ID」が必要になるという点である。DOI は prefix に出版社の情報が含まれるため，UUID（Universally Unique Identifier）が採用されている[17]。

　MECA によって，論文執筆ツール→ジャーナル投稿→プレプリントサーバ

での先行公開／著者最終稿のリポジトリ公開（あるいはプレプリントサーバへの追加）といったワークフローがスムーズに流れるようになれば，さらにはそれぞれの版の関連付けが「原稿 ID」を中心として機械的になされるようになれば，5.1.2で述べた問題点がスマートに解消されるのではないかと妄想が膨らむ。

5.1.5　異版の意義

　以上，「異版」という存在をめぐって思いつくままに書き連ねてきた。こんな面倒なことをしなくても，ある情報がどこか一箇所に保管されているというすっきりした世界が理想的なのかもしれない。しかし，4.3.1でも書いたようにリポジトリというのは一極集中のシンプルな（それがゆえに危うい）世界のあり方に対するアンチテーゼなのかもしれず，そうなれば分散する異版という問題は宿命なのかもしれない。

5.2　"Access Broker"と呼ばれても

5.2.1　1クリックという理想

　読みたい学術論文を見かけたとき，次の1クリックで手軽に本文にアクセスできる。そんな理想のアクセス環境は現在でも満足には実現できていない。その本文は出版社のペイウォールの向こう側にあるかもしれないし，オープンアクセス（OA）になっているかもしれない。職場のネットワークならアクセスできるかもしれないし，リモートアクセスできるかもしれない。これらすべてをひっくるめての "1クリック"。OpenURL リンクリゾルバや，EZproxy にShibboleth といったリモートアクセスソリューションがこの課題に取り組んできた。

5.2.2　Unpaywall

　まず紹介したいのは Unpaywall（アンペイウォール）[18]。オルトメトリクスで

名を知られた Impactstory の手がけるサービスだ。Google Chrome／Firefox
の拡張機能で，個人が無料で利用できる。インストールした状態で電子ジャー
ナルサイトの論文を表示すると右側にタブが表示される。論文の OA 版が見
つかった場合にはタブが緑色に変わり，クリックすると本文へアクセスできる
というものである。

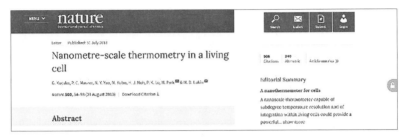

5-1図　Unpaywall

Unpaywall の背後にはかつて oaDOI と呼ばれていた[19]API が潜んでいる。
DOI を渡すと OA 版の URL 等の情報を返してくれるもので，そのために世界
中のさまざまなデータソースをクロールしてデータベースを構築している[20]。
この見るからに便利な API はあちこちのサービスで大活躍している。例えば
Web of Science（Clarivate Analytics）は検索結果にリポジトリで公開されてい
る論文へのリンクを表示しているし，ライバルである Scopus（Elsevier）も
2018年11月に同様の対応を行うと発表[21]している。Europe PMC や，Digital
Science が鳴り物入りでリリースした Dimensions でも採用されている。

　文献検索サービスだけでなく，360 Link（ProQuest）や SFX（Ex Libris）と
いったリンクリゾルバでも活用されている。リンクリゾルバから OA 版へナ
ビゲートするアイディアは，北海道大学等によって開発された AIRway や
JEEPway（2017年提供終了）に前例がある。

　エンドユーザ向けのサービスだけでなくさまざまな調査[22]にも使われており，
Unpaywall の API はグリーン／ゴールドを含めた OA の世界的進展をモニタ
リングする手法として定番になりつつある。

　というわけで，グリーン OA の担い手としては公開したコンテンツが Unpaywall でカバーされているかどうかは気になるところ。だが現状では Crossref DOI を持つ論文のみが対象となっている。日本としては JaLC DOI に対応してほしいのだが……。

5.2.3 Kopernio

Unpaywall の類似サービスに Kopernio（コペルニオ）[23]がある。同じく個人が無料で利用できる Google Chrome/Firefox の拡張機能だ。2017年に Mendeley の創立者らによって立ち上げられたスタートアップとくれば注目しないわけにはいかないだろう。技術面では AI の活用を強く謳っているが，詳細は不明である。

Unpaywall との大きな違いとして，OA 版だけではなく機関による購読コンテンツへのリモートアクセスも射程に入れている。Kopernio のアカウントを作成した上で，所属機関のログイン情報を紐付け，機関の提供するプロキシサーバ（EZproxy 等）を利用するという仕組みである。ログイン情報というのが

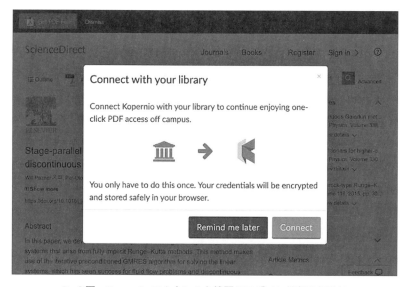

5-2図　Kopernio アカウントと機関のログイン情報の紐付け

気になるところであるが，データポリシー[24]によると，暗号化した上でブラウ
ザ（ローカル）にのみ保存し，クラウドには転送されないという。

　学術コミュニケーションの世界でも面白いスタートアップが誕生するとその
うち巨人に買収される事例が後を絶たない。が，2018年4月に Clarivate Ana-
lytics による買収[25]が発表されたときはさすがに「早いな……！」と衝撃が走
った。Elsevier に取られないうちにということだろうか。Clarivate Analytics
は Impactstory／Unpaywall に資金提供を行っており，二重投資に見える点が
気になる（なお，Impactstory は資金提供を受けながらも nonprofit の矜持を示してい
る[26]）。7月にはカリフォルニア工科大学との協力が発表[27]されたので，今後は
Kopernio 中心で進められていくのかもしれない。

5. 2. 4　Anywhere Access

　2018年7月に Digital Science が Anywhere Access という新サービスを発
表[28]した。既に10機関が契約しているという。そう，Unpaywall や Kopernio
とは異なり，図書館等の機関が契約するというものなのである。ブラウザの拡
張機能も提供されるが，図書館のディスカバリーサービス等に組み込んで
「View PDF」リンクを表示することもできる（API も用意される）。

　購読コンテンツへのリモートアクセスも可能だが，Kopernio のようにプロ
キシを使うわけではないようだ（5-3図）。契約するとナレッジベースが構築
され，ユーザは所属機関の SSO（シングルサインオン）でログインするという。
Digital Science ならではと感心したのは，ReadCube を組み合わせてきたこと
である。これによってオンデマンド版（レンタル）へのアクセスも提供でき，
他ツールとの差別化が図れる。論文の閲覧環境を ReadCube に統合すればさ
まざまな版へのアクセス統計（COUNTER 準拠！）を集約できる（5.1参照）。既
に Symplectic との連携も発表[29]されているが，今後も同社の豊富なサービス
ポートフォリオを活かした展開が期待できる。

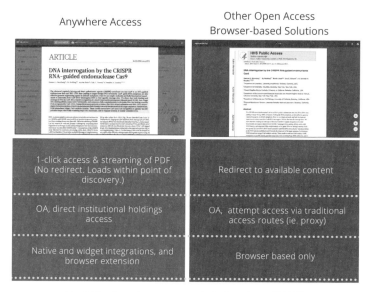

5-3図　Anywhere Access と他サービスの比較*1

5.2.5　Universal CASA

　Google Scholar も負けてはいない。購読コンテンツに対するリモートアクセス機能として Universal CASA（Campus Activated Subscriber Access）を提供している。参加出版社はまだ少ないが，HighWire，ProQuest，JSTOR が参加しているほか，SpringerNature も対応中という[30, 31, 32]。

　その仕組みはというと，契約機関のネットワーク内で Google Scholar にアクセスすると，その事実が Google アカウントと紐付けられ，ネットワーク外で Google Scholar を利用しても本文リンクが表示される（有効期間30日）というシンプルなものである（5-4図）。

＊1：“direct institutional holdings access” と “attempt access via traditional access routes (ie. proxy)” とある。
Digital Science. “Comparing the Approaches to Accelerating Full-Text Pdf Access”. figshare. https://digitalscience.figshare.com/articles/report/Comparing_the_Approaches_to_Accelerating_Full-Text_Pdf_Access/6860450, (accessed 2023-01-20).

1   Record affiliation on-campus

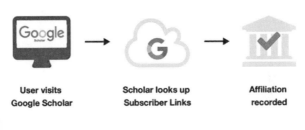

| User visits Google Scholar | Scholar looks up Subscriber Links | Affiliation recorded |

2   Propagate affiliation off-campus

| User visits Google Scholar | Scholar looks up recorded affiliations | CASA token shared |

3   Enable access

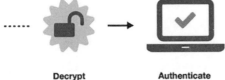

| Decrypt CASA token | Authenticate & authorize |

5-4図   Universal CASA の仕組み[2]

＊2 ：Mellins-Cohen, T. Easy access to the version of record (VoR) could help combat piracy: views from a publishing technologist. Insights. 2017, vol.30, no.2, p.44-51. https://doi.org/10.1629/uksg.360, (accessed 2022-08-01).

5.2.6　RA21による批判

　この界隈では他にも，LEAN Library[33]，Open Access Button，Google Scholar Button，Lazy Scholar，RemoteXs 等のさまざまな取り組みが見られる[34]。

　一方，学術情報へのアクセスの改善を目指す RA21（Resource Access for the 21st Century）が2018年8月に「RA21 POSITION STATEMENT ON ACCESS BROKERS」という文書[35]を発表した。Kopernio，Anywhere Access，Universal CASA を名指しで "Access Brokers" と呼び，その問題点（特にプライバシーやセキュリティ）を批判している。SAML（Security Assertion Markup Language）ベースの世界から表明された懸念には一理あるが，RA21が購読コンテンツへのアクセスのみを対象にしている限り，彼らがブローカーと呼び捨てる便利なツールに対するユーザの支持がなくなることはないだろう[36,37]。

5.2.7　Access Broker のその後

　以上が2018年9月時点のスナップショットであった。それから4年が経過した2022年12月時点の状況を簡単に紹介しておきたい。

　Unpaywall は現在もこの領域の代表的なツールとして存在感を放っている（提供元の ImpactStory は，OurResearch に改称している）。ただし，Crossref DOI を持つ論文のみが対象であり JaLC DOI には対応していない点については，現在も変わっていないようだ[38]。Kopernio は，Clarivate Analytics の文献管理ツール EndNote の名称を冠した，EndNote Click として衣替えしている。Digital Science の Anywhere Access は，同社の提供する文献管理ツール ReadCube Papers（元々は Mekentosj の製品）に吸収されている[39]。

　これらの Access Broker たちを批判していた RA21は，2019年7月に，米国情報標準化機構（NISO）の推奨事項として "Recommended Practices for Improved Access to Institutionally-Provided Information Resources: Results from the Resource Access in the 21st Century (RA21) Project"（NISO RP-27-2019）[40]を取りまとめ，その活動に区切りをつけた。現在は，SeamlessAccess[41]

というイニシアティブがRA21の活動を引き継いで，同推奨事項に基づいたシングルサインオンサービス[42, 43]を提供している。SeamlessAccess は，実際にSpringer Nature や Elsevier の電子ジャーナルサイト等で導入されている。

　また，2019年12月に始動した GetFTR は，出版社陣営からの「RA21が購読コンテンツへのアクセスのみを対象にしている限り」という問題へのアンサーとして位置付けられるだろう。リンクリゾルバと類似した（リンク先を出版社がコントロールするという大きな違いはあるが）ツールである GetFTR は，SeamlessAccess と組み合わせて利用することも可能で，それにより，利用者に対して購読コンテンツへのシームレスなアクセスを提供できる。それだけに留まらず，購読コンテンツへのアクセス権がない場合を考慮して，プレプリントや read-only version 等の「異版」へのナビゲーションも可能になっているのである。

5.3　機械が書いた学術書『Lithium-Ion Batteries』

5.3.1　人間はいつまで科学の担い手でいられるのか

　「人間はいつまで（最新の）科学の担い手でいられるのか」というのは，SF小説では割によく見るテーマである。ぱっと思いつくところではテッド・チャン『あなたの人生の物語』[44]に収録されている「人類科学の進化」があるが，これは遺伝的操作を受けた超人類たちのネットワーク上で研究成果が発表されるようになり，従来型の人類はそれにアクセスできない，という話。従来の人類ではないにしても，まだ科学を担っているのはヒト的なものである。円城塔『Self-Reference ENGINE』[45]に出てくる巨大知性体となると，もうヒトらしさはなくなってくる。そもそも人の知性を超えるものがあらわれて……というのはいわゆるシンギュラリティそのものなので，実際にシンギュラリティに到達してしまえば科学が影響を受けないなんてことはあるまい。そこまで大仰な話にしなくとも，人の研究を補助するものとしての人工知能（AI）は実践にも活躍するようになっており，がんの早期発見が云々，みたいなニュースはどれがどれだか覚えていられないくらいによく見るようにもなっている。

　最近では AI が論文執筆を助けてくれます，というツールも現れていて，デ

ータや手法を投入すれば,「結果」や「方法」のパートを書いてくれるだけで
はなく,関連ワードから先行研究を探して「はじめに」の草案までまとめてく
れるという[46]。「それは著作権的にまずいんじゃないか(その「はじめに」の大半
は先行研究のコピペではないか)」という指摘もありつつ[47],サービスは未だ提供
されているようである。

　そんな中,2019年4月に出版され話題になったのが,Springer Nature の
『Lithium-Ion Batteries』[48]である。執筆者は Beta Writer。同社と独・ゲーテ
大学の研究者らが共同で開発したツールである。同書はおそらくは世界ではじ
めての,少なくとも Springer Nature の図書では初の,(まえがき以外は)すべ
て機械によって書かれた学術書であるという。電子版は PDF・ePub 形式で無
料公開されており,誰でも読むことができる。

5.3.2 『Lithium-Ion Batteries』概要

　『Lithium-Ion Batteries』という簡素なタイトルのとおり,同書はリチウム
イオン電池に関する研究動向をまとめた,大部の文献レビューである。リチウ
ムイオン電池はスマートフォンやノートパソコンをはじめ,充電を繰り返す機
器にはなくてはならず,ハイブリッド車や電気自動車,あるいは太陽光・水
力・風力発電の蓄電池としても用いられる,今後さらに重要性がましていくで
あろう技術,であるらしい。そのため研究も盛んで,過去3年での関連論文出
版数は53,000本以上にものぼるという。読みきれないほどの論文があることか
ら,機械による文献レビューの手助けが有用だろうと考えられ,初の機械生成
学術書のターゲットとなった。ちなみに,本書のまえがきによれば社会科学分
野でも同様の試みを行っているそうだが,そちらは未だ出版には至っていない。

　内容は本文4章+まえがき部分から構成されており,このうちまえがきのみ,
人間が書いている。まえがきでは同書出版の経緯を Springer Nature の担当者
が執筆するとともに,本文執筆者 "Beta Writer" がどのような技術から成っ
ているかを開発者が解説している。そのほかの4章は完全に Beta Writer が書
いたものであり,人手による推敲・手直しは一切行われていない。これは「人
の手を一切加えない状態で出す」というのが開発者らの方針であり,問題があ

ると考えられる点についてはぜひフィードバックを寄せてほしい，とのことである。だからこそ執筆ソフトの名前も "Beta" がついている。現時点で機械がどこまでやれるかの実証，というわけだ。機械が書いた各章を見ると，まず章ごとのタイトルは，例えば第1章なら "Anode Materials, SEI, Carbon, Graphite, Conductivity, Graphene, Reversible, Formation" という具合で，キーワードを列挙したものとなっている。そのうえで，各章の第1節には "Introduction"（はじめに）が設けられ，第2節以降は章タイトルと同じ，キーワードの列挙となる。ここで中身を読んで「うむ，ここまではいいが，このあたりに問題が……」とか寸評できると格好いいのだが，いかんせん，中身は完全にリチウムイオン電池に関する化学分野の研究レビューであり，その分野の素人である自分にはちんぷんかんぷんである。Google 翻訳に突っ込んだって化学物質名が多すぎでうまくは訳せない。かろうじて「はじめに」の最初の数文くらいは何の話か理解でき，その範囲では少なくとも読んでいて違和感はない。自分の拙い英語で書いた論文よりは真っ当に見える。というか，てっきりそんな丁寧な「はじめに」はなく，いきなり関連論文のレビューが始まるものと思っていたのでびっくりしたくらいである。しかしこの「はじめに」も含めてほとんどすべての文には出典が明記されており，逆にいえば全くのオリジナル表現はないことがわかる。

5.3.3 Beta Writer の仕組み

　同書を執筆した Beta Writer の仕組みはまえがきで解説されている。基本的には自然言語処理とクラスタリング技術等を組み合わせ，投入された文書群に対し順に処理を加えていって結果テキストを生成するというもので，開発者ら自身も言うとおり，比較的保守的というか，ある程度確立済みの技術の組み合わせで作られている（例えば論文間のネットワーク構造を利用して……みたいなことは特に行われていない）。

　まず，Beta Writer 自身は，まとめる対象とする文献を検索することはしない。「レビューを書きたいテーマだけ入力してボタンをポチッと押せばあら不思議，本にまとまった！」ということはなく，対象論文は人が選んで投入して

いる。今回の場合，SpringerLink に搭載されているリチウムイオン電池関連
の論文が投入文書である。なぜ SpringerLink に限定したかだが，もちろん入
手しやすいことと，他社の論文群の投入には権利上の問題が生じうることに配
慮したのではないか，と推察される（前述の AI による執筆補助ツールで問題にな
っていることでもある）。

　投入されたテキストに対し，形式の変換や書誌情報・化学物質名の特定等の
前処理を行う。次に各論文の目的や主な成果を抽出し，キーワードを生成した
上で，それをもとに論文の類似度を算出して並び替え，どういう単位で章・節
を構築し，その中にどの論文を入れるかを決めていく（このキーワードが，その
まま章・節タイトルになっている。逆にいえばタイトルをちゃんとした文で作るのは困
難すぎて今回はあきらめた，とのことである）。各章・節の実際の文章は，「はじめ
に」部分は複数の論文の関連研究パート等を横断して集約・生成し，それ以外
の節はそこに配置された論文の要約を連ねて書かれている。生成された各文に
は構文・意味上のパラフレーズ（言い換え）も加えており，これは文章として
の自然さや整合性を維持するためと考えられる。最後に参考文献を統合し，出
力用の XML フォーマットに変換されている。

　書いてしまえば簡単そうにも見えるが，個々のパートについて複数の手法を
試してより良いものを選んだり，組み合わせたりする作業が行われたそうで，
かかる手間はなかなかのものだろう。学術文献に対する言語処理技術のオンパ
レードだが，苦労した点も地道な努力が必要な箇所が多いとのことである（化
学物質名や略語が特定しにくい，単語の置き換えが難しい……単純に頻出語が類義語だ
ろうと思うと反義語であることもあるとか）。

5.3.4　機械による学術文献生成の未来とそれを支える
　　　　オープンサイエンス

　2016年に Publishing Research Consortium（PRC）が行った調査によれば，
テキストマイニング技術に対し研究者が期待することの一つは，文献レビュー
であったという[49]。読みきれないくらいの論文をまとめてくれる，というのは
ドキュメンテーションの時代から機械に期待されてきた役割であったわけだが，

Beta Writer はついにその期待に応えてくれるものになったのではないだろう
か。上がっている参考文献はのべ1,000を超えており，人が読むのは正直，勘
弁してほしい量である。もちろん，機械による学術文献生成には課題もある。
同書のまえがきの中では，Springer Nature 担当者が考える，機械による学術
文献生成に伴う論点が列挙されている。例えば査読について，機械生成文献の
妥当性の査読には，対象となる領域の専門性だけではなく，アルゴリズムの妥
当性の検証も必要となるが，両方に通じた専門家なんているだろうか。という
か，査読とは英語で "peer review" であるが，機械にとって人は "peer" ＝
仲間，なのだろうか。あるいは「著者」について，Springer Nature は『Lithi-
um-Ion Batteries』の著者を Beta Writer として発表したが，例えばソフトウ
ェア開発者が著者を名乗ることは妥当だろうか。あるいはソフトウェアが普及
した場合，使用者が著者を名乗ることはどうだろうか。とまあ，論点はあり，
検討していく必要はあるにしても，機械による文献生成が近い将来に一般化し，
人が完全に機械に代替されることはなくとも，機械と一緒に文献を書くのは当
たり前になるだろうと同書では推察されている。そうなってほしいと自分も思
うが（ついに大嫌いな「はじめに」の執筆から解放されるのだ！），それを実現する
にはオープンサイエンスの支えが不可欠だろう。Beta Writer が語の言い換え
等で単なるもとの論文のコピー＆ペーストとなることを回避しているとしても，
まだテキストマイニングに当たり自由に論文を用いていい状況になっているわ
けではないし，だからこそ自社の論文だけで今回，『Lithium-Ion Batteries』
をまとめたのだろう。権利の垣根を超え，真に関連する文献をまとめたレビュ
ーを機械生成するには，まずは文献をオープンに入手し，テキストマイニング
にかけても怒られない環境を実現する必要がある。また，今は人手で行ってい
る投入文献の選択も，理想的には自動化したいところであり，そのためには査
読済みの文献のみを選びつつ，機械的に収集できるようなメタデータ環境の実
現も必要である。これらが実現して初めて『Lithium-Ion Batteries』は完全体
となりうる。

　さらに言えば，今は文献レビューにとどまっている機械の役割を，新たな知
見の発見自体にまで拡張できたとき，冒頭で述べたような人を超えた（ように
も見える）知性による科学が実現することになる。少なくとも大量のデータを

短時間で処理することについて，人はとっくに機械に負けている。実際，前述
の PRC の調査でも，テキストマイニングを使ったことがある研究者は，文献
レビュー以上に新発見創出（今まで気づいていなかった知見の抽出）に有益である
としている。今はテキストマイニングの対象が論文にとどまっているが，研究
データ本体にまで拡大できればより多くの知見が得られるであろうことは確実
で，これもやはりオープンサイエンスがその支えとなるわけである。

　もっとも，それが実現してしまったとき，人類の研究者はなにをしていけば
いいんだろうか。Beta Writer とはよく名付けたもので，ベータ版でなくなっ
たら自らこそが The Writer である，というつもりなのかもしれない。その日
が来たらどうするかを考える際には，冒頭で紹介したテッド・チャンや円城塔
の小説が参考になるだろう。まあ案外，やることはありそうな気もしてくる。

5.3.5　機械による学術文献生成のその後

　2021年5月，Springer Nature は新たな試みとして，AI と人間の協働によ
って編集された研究書 "Climate, Planetary and Evolutionary Sciences" を刊
行した。同書はイタリア・ラクイア大学名誉教授の Guido Visconti が編集に
携わり，同氏が気候科学の多様な側面に関する質問やキーワードを考案，AI
はそれに基づいて収集した情報を構造化し，章立てを作り，文献レビューを作
成したという[50]。人間と機械の協働のあり方としては，これが現状の一つの落
としどころ，ということであろうか。なかなか一足飛びに SF の世界にはいか
ないものである。

引用・参考文献

1：三角太郎．"CHOR，JST の OA 拡大にむけた試行プロジェクト（千葉大）"．カレ
　　ントアウェアネス・ポータル．2016-10-06．http://current.ndl.go.jp/e1844，（参照
　　2022-08-01）．

2："Improving repository services at your institution"．Elsevier．https://www.
　　elsevier.com/solutions/sciencedirect/support/institutional-repository，（accessed

2022-08-01).

3：Davis, Phil. "Journals Lose Citations to Preprint Servers". The Scholarly Kitchen. 2018-05-21. https://scholarlykitchen.sspnet.org/2018/05/21/journals-lose-citations-preprint-servers-repositories/, (accessed 2022-08-01).

4：Lammey, Rachael. "Preprints are go at Crossref". Crossref Blog. 2016-11-02. https://www.crossref.org/blog/preprints-are-go-at-crossref/, (accessed 2022-08-01).

5：大園隼彦, 片岡朋子, 高橋菜奈子, 田口忠祐, 林豊, 南山泰之. JPCOAR スキーマの策定：日本の学術成果の円滑な国際的流通を目指して. 情報管理. 2018, vol.60, no.10, p.719-729. https://doi.org/10.1241/johokanri.60.719, (参照 2022-08-01).

6："RCUK RIOXX Application Profile Version 2.0 Final". Rioxx: The Research Outputs Metadata Schema. http://www.rioxx.net/profiles/v2-0-final, (accessed 2022-08-01).

7："21. Publication Version (R) - OpenAIRE Guidelines for Literature Repository Managers 4.0 alpha documentation". http://openaire-guidelines-for-literature-repository-managers.readthedocs.io/en/latest/field_publicationversion.html#aire-version, (accessed 2018-06-11).

8："COAR Vocabularies". https://www.coar-repositories.org/activities/repository-interoperability/coar-vocabularies/, (accessed 2018-06-11).

9："NISO Launches New Project to Facilitate Manuscript Exchange Across Systems". NISO. 2018-05-09. https://www.niso.org/press-releases/2018/05/niso-launches-new-project-facilitate-manuscript-exchange-across-systems, (accessed 2022-08-01).

10：Manuscript Exchange Common Approach (MECA). 2021-08-09. https://www.manuscriptexchange.org/, (accessed 2022-08-01).

11："Peer Review: How We Found 15 Million Hours of Lost Time". American Journal Experts. https://www.aje.com/en/arc/peer-review-process-15-million-hours-lost-time/, (accessed 2022-08-01).

12："Manuscript Exchange Common Approach (MECA)". Manuscript Exchange Common Approach (MECA). 2017-09-20. https://www.manuscriptexchange.org/wp-content/uploads/2017/09/MECAfinalWebinar9.20.745am.pdf, (accessed 2022-08-01).

13："Preprints". PLOSONE. http://journals.plos.org/plosone/s/preprints, (accessed 2022-08-01).

14："Submission Guide: FAQ". bioRxiv. https://www.biorxiv.org/submit-a-manuscript, (accessed 2022-08-01).

15："Submit to Overleaf's publishing partners". Overleaf Blog. 2016-11-18. https://www.overleaf.com/blog/437-submit-to-overleafs-publishing-partners, (accessed

2022-08-01).

16： "Transfer Solutions". Aries Systems. https://www.ariessys.com/views-and-press/resources/video-library/transfer-solutions/, (accessed 2018-06-11).

17： "Manuscript Exchange Common Approach（MECA）". Manuscript Exchange Common Approach（MECA）. 2017-09-20. https://www.manuscriptexchange.org/wp-content/uploads/2017/09/MECAfinalWebinar9.20.745am.pdf, (accessed 2022-08-01).

18： Unpaywall. https://unpaywall.org/, (accessed 2022-08-01).

19： かつては oaDOI という独立した名称だったが，現在は Unpaywall の一部として位置付けられている。
@unpaywall_data. Twitter. 2018-01-28. https://twitter.com/unpaywall_data/status/957384991360667648, (accessed 2022-08-01).

20： 違法性への懸念から，ResearchGate や Sci-Hub はデータソースに含めていない。
"Frequently Asked Questions". Unpaywall. https://unpaywall.org/faq, (accessed 2022-08-01).

21： "Elsevier/Impactstory agreement will make open access articles easier to find on Scopus". Elsevier. 2018-07-26. https://www.elsevier.com/connect/elsevier-impactstory-agreement-will-make-open-access-articles-easier-to-find-on-scopus, (accessed 2022-08-01).

22： Piwowar H. et al. The state of OA: a large-scale analysis of the prevalence and impact of Open Access articles. PeerJ, 2018, 6, e4375, https://doi.org/10.7717/peerj.4375, (accessed 2022-08-01).

23： EndNote™ Click. https://kopernio.com/, (accessed 2022-08-01).

24： "Our Data Principles". EndNote™ Click. https://kopernio.com/data-principles, (accessed 2022-08-01).

25： "Clarivate Analytics Acquires Research Startup Kopernio to Accelerate Pace of Scientific Innovation". Clarivate Analytics. 2018-04-10. https://clarivate.com/blog/news/clarivate-analytics-acquires-research-startup-kopernio-accelerate-pace-scientific-innovation/, (accessed 2022-08-01).

26： "How do we know Unpaywall won't be acquired?". Our Research blog. 2018-07-12. http://blog.impactstory.org/independent/, (accessed 2022-08-01).

27： "Clarivate Analytics and Caltech Collaborate to Offer Researchers One-Click Access to Published Research". Clarivate Analytics. 2018-07-03. https://clarivate.com/blog/news/clarivate-analytics-caltech-collaborate-offer-researchers-one-click-access-published-research/, (accessed 2022-08-01).

28： "Digital Science Launches Anywhere Access for Fast, One Click Delivery of Full-Text Scholarly Content". Digital Science. 2018-07-25. https://www.digital-science.

com/press-releases/digitalscience-launches-anywhere-access-for-fast-one-clickdelivery-of-full-text-scholarly-content/, (accessed 2018-09-10).

29： "Anywhere Access Integrates with Symplectic's Discovery Module". Anywhere Access. 2018-09-06. https://www.anywhereaccess.com/anywhere-accessintegrates-with-symplectics-discovery-module/, (accessed 2018-09-10).

30： "HighWire leads industry rollout of Universal CASA, in partnership with Google Scholar". HighWire. 2018-06-11. https://www.highwirepress.com/news/highwire-leads-industry-rollout-universal-casa-partnership-google-scholar, (accessed 2018-09-10).

31： "ProQuest Expands Remote and Mobile Access with Google Scholar". ProQuest. 2018-06-19. https://www.proquest.com/about/news/2018/ProQuest-Expands-Remote-and-Mobile-Access-with-Google-Scholar.html, (accessed 2022-08-01).

32： "Google Scholar Subscriber Links and CASA". Springer Nature. https://www.springernature.com/gp/librarians/news-events/all-news-articles/system-updates/google-scholar-subscriber-links-and-casa/15745318, (accessed 2022-08-01).

33： 2018年9月，SAGE に買収された。
"SAGE Publishing acquires Lean Library to bring library services into the patrons' workflow". LEAN Library. 2018-09-12. https://www.leanlibrary.com/news/item250, (accessed 2018-09-25).

34： Tay, Aaron. "Top new tools for researchers worth looking at". Medium. 2018-07-02. https://medium.com/@aarontay/top-new-tools-forresearchers-worth-looking-at-9d7d494761b0, (accessed 2022-08-01).

35： "RA21 POSITION STATEMENT ON ACCESS BROKERS". RA21. 2018-08-23. https://ra21.org/index.php/what-is-ra21/ra21-position-statement-on-access-brokers/, (accessed 2022-08-01).

36： Anderson, Kent. "The New Plugins: What Goals Are the Access Solutions Pursuing?". The Scholarly Kitchen. 2018-08-23. https://scholarlykitchen.sspnet.org/2018/08/23/new-plugins-kopernio-unpaywall-pursuing/, (accessed 2022-08-01).

37： "The rise of "Access brokers": why now and a comparison with RA21". Aaron Tay's Musings about librarianship. 2018-08-28. https://musingsaboutlibrarianship.blogspot.com/2018/08/the-rise-of-access-brokers-why-now-and.html, (accessed 2022-08-01).

38： "Which DOIs does Unpaywall cover?". unpaywall support portal. 2021-01-12. https://support.unpaywall.org/support/solutions/articles/44001900286, (accessed 2023-01-14).

39： "Two Chrome Extensions Merged into One: Transitioning from "Anywhere Access" Chrome Extension to "ReadCube Papers / Anywhere Access" Chrome Extension". Papers Support. 2019-07-31. https://support.papersapp.com/support/solutions/articles/30000036956-two-chrome-extensions-merged-into-one-transitioning-from-anywhere-access-chrome-extension-to-read, (accessed 2023-01-14).

40： "NISO RP-27-2019, Recommended Practices for Improved Access to Institutionally-Provided Information Resources: Results from the Resource Access in the 21st Century (RA21) Project". NISO. 2019-07-21. https://www.niso.org/publications/rp-27-2019-ra21, (accessed 2023-01-14).

41： "SeamlessAccess". SeamlessAccess. https://seamlessaccess.org/, (accessed 2023-01-14).

42： "Getting Started". SeamlessAccess Documentation. https://seamlessaccess.atlassian.net/wiki/spaces/DOCUMENTAT/pages/458753/Getting+Started, (accessed 2023-01-14).

43： "SeamlessAccess.org User and Data Flows". SeamlessAccess. https://seamlessaccess.org/work/SA_User-DataFlow.pdf, (accessed 2023-01-14).

44：テッド・チャン. あなたの人生の物語. 浅倉久志他訳. 早川書房, 2003, 521p.

45：円城塔. Self-reference ENGINE. 早川書房, 2007, 308p.

46： "Manuscript Writer by SciNote". SciNote. https://scinote.net/manuscript-writer/, (accessed 2022-08-01).

47：McCook, Alison. "Newly released AI software writes papers for you: what could go wrong?". Retraction Watch. 2017-11-09. http://retractionwatch.com/2017/11/09/newly-released-ai-software-writes-papers-go-wrong/, (accessed 2022-08-01).

48：Writer, Beta. Lithium-Ion Batteries. Springer Nature, 2019, xxxv, 247p., https://doi.org/10.1007/978-3-030-16800-1, (accessed 2022-08-01).

49：Text Mining of Journal Literature 2016. Publishing Research Consortium. 2016, 18p. http://publishingresearchconsortium.com/index.php/130-prc-projects/research-reports/text-mining-of-journal-literature-2016/170-text-mining-of-journal-literature-2016, (accessed 2019-05-10).

50： "Springer Nature advances its machine-generated tools and offers a new book format with AI-based literature overviews". Spriger Nature. 2021-05-04. https://group.springernature.com/gp/group/media/press-releases/advances-its-machine-generated-tools-with-ai-based-lit-overviews/19129322, (accessed 2022-08-01).

おわりに

　1章の結びにもあるとおり，本書は科学や社会の変革を念頭に置くオープンサイエンスをテーマに，研究論文のオープンアクセス，研究データのオープン化，学術コミュニケーションの変化といった観点からこれまでの取り組みを俯瞰したものである。この三つの観点は伝統的な図書館情報学でも多く論じられてきており，特に大学図書館員の読者にとっては馴染みがある論点も多かったのではないだろうか。

　一方で，近年「オープンサイエンス」の概念はさらなる広がりを見せている。2021年に公表されたユネスコの「オープンサイエンスに関する勧告」[1]では，オープンサイエンスを構成する要素として，1）オープン化された科学論文や研究データ・ソースコードといった「オープンな科学的知識」，2）科学機器，ジャーナルのプラットフォーム，リポジトリなどの「オープンサイエンスのインフラ」，3）シチズンサイエンスなどを含む「社会貢献活動に関するすべての人のオープンな関与」，4）文化的多様性を尊重する「他の知識体系とのオープンな対話」の四つを挙げている[2]。これらのカテゴリは，本書の主たる読者である実務家の興味関心に沿って建てられたものではないが，今後の展開を考えるうえで有益な視点を含んでいる。そこで，ここでは残された論点のうち，この四つのカテゴリに含まれるいくつかの典型的な項目について取り上げ，本書の今後の拡張可能性について展望を述べたい。

オープンな科学的知識

　このカテゴリでは，既に取り上げてきた科学論文を「科学的な出版物」として，研究データを「オープンリサーチデータ」として取り扱っている。前者の「科学的な出版物」には，従来の査読論文のみならず，単行書，研究報告書，及び会議論文が含まれている。単行書のオープン化は論文と異なるビジネスモデルが必要となる点が指摘されており[3]，個別の論点になり得るだろう。また，後者の「オープンリサーチデータ」にはプロトコルや分析コード，ワークフローなども含まれている。本書では狭義の「研究データ」に焦点を当てる「研究

データ共有」を章タイトルとして採用しているが，プロトコルや分析コード，ワークフローを含めた概念として「研究データ」を捉えるべきかどうか，重要な論点が残されている。科学的なワークフローの再利用についても取り組みが多く展開され始めており[4,5]，今後重要な論点になっていくと思われる。

　また，このカテゴリには上記二つのほか，オープンソースソフトウェア，オープン教育リソース（OER），及びオープンハードウェアが含まれている。それぞれ，ソースコード，教育／学習／研究教材，ハードウェアの設計図／設計仕様を対象として，オープンライセンスのもと知識の再利用を可能にすることが謳われている。オープンアクセスとオープンデータの出自が異なることと同様に，各コンテンツにオープンさが求められる背景は異なることが推察される。オープンソースを除き，管見の限り日本ではあまり目立った活動が見られないものの，今後取り上げていく候補の一つに数えられるだろう。

オープンサイエンスのインフラ

　このカテゴリでは，バーチャルか物理的な空間かを問わず，オープンサイエンスを支える技術的なインフラが対象となっている。列挙されているインフラとしては，科学機器や装置一式，ジャーナルのプラットフォーム，リポジトリ，アーカイブ，研究情報システム，計量書誌学／科学計量学，計算・データ操作サービス基盤，識別子など極めて多岐にわたる。一足飛びに全てをカバーしていくことは難しいが，ジャーナルやリポジトリのプラットフォームについては，今後も主要な論点足り得るだろう。また，デジタル環境に適合していくための識別子の重要性については，本書出版の契機となった『情報の科学と技術』でも別途連載がなされており[6]，この枠組みを拡張していく上で着目に値するだろう。

社会貢献活動に関するすべての人のオープンな関与

　このカテゴリでは，研究サイクルの一部を市民へ開放し，クラウドファンディング，クラウドソーシング，科学ボランティアなどの新しい形態の協力や作業を展開することに重きが置かれている。本書では取り上げきれなかったものの，シチズンサイエンスのキーワードに代表される各種の取り組みは，オープンサイエンスを構成する主要な要素の一つである。概論的な内容も含めて，今後の論点拡大を考えるうえで外せないテーマの一つであろう。

他の知識体系とのオープンな対話

　このカテゴリでは，2001年のユネスコ文化多様性世界宣言に沿って，多様な知識システムと知識生産者の多様性を認識するための対話に重きが置かれている。管見の限り，このカテゴリに属する議論は国内でほとんどオープンサイエンスの論点として取り上げられていない。編者の知識不足を詫びるとともに，どのようなことが論点足り得るのか，何が現在の課題となっているのか，識者による今後の解説を期待したい。

　以上，編者の主観的な評価を交えつつ，「オープンサイエンスに関する勧告」を参照しながら本書の今後の拡張可能性について展望した。書籍化を契機に，より多くの読者の目に触れるだけではなく，新たな論点を開拓してくれるであろう将来の執筆陣の目に留まることにも密かに期待している。オープンサイエンスを取り巻くコミュニティのさらなる発展を願ってやまない。

引用・参考文献

1：UNESCO Recommendation on Open Science. https://unesdoc.unesco.org/ark:/48223/pf0000379949.locale=en, (accessed 2023-01-20).

2：カテゴリの日本語訳は、米川和志．"E2485 – ユネスコ「オープンサイエンスに関する勧告」"．カレントアウェアネス -E，2022，https://current.ndl.go.jp/e2485　をもとにしている。

3：天野絵里子．"動向レビュー：欧州における単行書のオープンアクセス"．https://current.ndl.go.jp/ca1907，(参照 2023-01-20).

4：The University of Manchester. "WorkflowHub". https://workflowhub.eu/

5：DataCite. "Implementing FAIR Workflows Project". https://datacite.org/fair-workflows.html, (accessed 2023-01-20).

6：小野寺 夏生．「情報科学技術に関する識別子」の連載に当たって．https://doi.org/10.18919/jkg.70.5_261，(参照 2023-01-20).

索引

▶**アルファベット**
BOAI　17
FAIR 原則　61-63, 65
MARC データ　121
Read and Publish　13, 19, 36

▶**あ行**
インフラストラクチャー　10
エンバーゴ　10, 12, 14, 25, 112
オルトメトリクス　77

▶**か行**
学術情報流通　3, 8, 9, 87, 93, 100
カスケード査読　143
クラウドファンディング
　　　　　116, 118, 120, 162
研究データ　2-5, 55, 56, 58-62, 67, 68, 70-
　72, 76, 78, 94, 96-99, 101, 105, 106, 109,
　123-127, 129, 156, 161
研究データ管理（RDM）　iii , 54-58, 60-
　62, 65, 78, 80, 122-130
研究データポリシー　61
購読の壁（paywall）　22
コンソーシアム　9, 17, 19-21, 113, 118, 119

▶**さ行**
査読（ピアレビュー）　3, 6, 14, 24, 28, 37-
　41, 43-45, 78, 81, 82, 87, 90-92, 96, 111,
　112, 115, 116, 118, 143, 155, 161
システマティック・レビュー　42-44
ジャーナル・インパクトファクター
　　　　　6, 78, 100, 101, 110, 141
商業出版者（社）　11, 23, 25, 104, 111, 112,

116, 141
情報源　76
助成機関　4, 9, 10, 12, 15, 16, 18, 21, 24-27,
　33, 36, 54, 61, 65, 66, 94, 96, 119, 124
シングルサインオン（SSO）　147, 151
人工知能（AI）　1, 96, 97, 146, 151, 154, 156
相互運用性　66

▶**た行**
長期保存　10, 62, 124
著作権ポリシー　14, 112
著者最終稿　10, 14, 112, 113, 141, 142, 144
ディスカバリーサービス　147
データマネジメントプラン（DMP）
　　　　　4, 54, 55, 59-67, 124, 125, 127
テキストマイニング　14, 15, 154-156
デジタルアーカイブ　54, 68, 70, 122
デジタルオブジェクト識別子（DOI）　5,
　14, 30, 57, 66, 72, 74, 75, 91, 102, 103, 108,
　111, 126, 142, 143, 145, 146, 150
デジタル化　120, 121
電子ジャーナル　17, 104, 111, 145, 151
統制語彙　66, 142

▶**は行**
バックファイル　22, 119
ビッグディール　17, 36
標準化　33, 56, 65, 69, 98, 107, 142
プラットフォーム　4, 9, 10, 12-14, 24, 25,
　27, 33, 74, 78, 87, 89-92, 96, 104, 115, 116,
　124, 128, 161, 162
プレプリント　iii , 3, 13, 72, 87-93, 95-100,
　115, 116, 119, 141-144

プロトコル　78, 81, 82, 143, 161

ベルリン宣言　9

▶ま・ら行

メタデータ　4, 60, 61, 63, 66, 72, 73, 80, 102, 112, 124, 126, 142, 155

ライセンス　9, 14, 19, 22, 25, 59, 66-71, 105, 122, 124, 126, 162

リポジトリ　ⅲ, 2, 4-6, 10, 12-16, 28, 39, 59, 60, 63, 64, 66, 67, 69, 72-74, 76-78, 80, 90, 91, 94, 101, 104, 106, 108, 109, 111-116, 122, 126, 127, 130, 141, 142, 144, 145, 161, 162

リモートアクセス　144, 146-148

利用統計　121

リンクリゾルバ　144, 145

論文掲載料（APC）　3, 6, 11-14, 21-24, 28-37, 41, 111, 117, 118

初出一覧

　タイトルは原題名。加筆・修正の上，本書に掲載した。

　掲載誌は下線を付したもの除き一般社団法人 情報科学技術協会（INFOSTA）刊行の『情報の科学と技術』である。

1章　書き下ろし

2章

2.1.1　佐藤翔．オープンアクセスメガジャーナルの興隆，と，停滞．2018，vol.68，no.4，p.187-188．（2.1.1.3 書き下ろし）

2.1.2　林豊．Plan S：原則と運用．2019，vol.69，no.2，p.89-93．（2.1.2.6 書き下ろし）

2.1.3　尾城孝一．「転換契約」と JUSTICE の「転換」．2019，vol.69，no.8，p.387-389．<u>（尾城孝一．学術雑誌の転換契約をめぐる動向．カレントアウェアネス．2020，no.344，CA1977，p.10-15．https://current.ndl.go.jp/ca1977（DOI：https://doi.org/10.11501/11509687），（参照 2023-05-09）</u>．の内容をもとに改訂）

2.1.4　佐藤翔．Gates Open Research のいま．2019，vol.69，no.1，p.40-42．（2.1.4.5 書き下ろし）

2.2.1　佐藤翔．値上がりする APC．2018，vol.68，no.7，p.359-360．（2.2.1.5 書き下ろし）

2.2.2　佐藤翔．妥当な APC を求めて．2020，vol.70，no.1，p.27-29．（2.2.2.5 書き下ろし）

2.3.1　佐藤翔．日本の医学博士論文に潜む7.5％のハゲタカ OA．2018，vol.68，no.10，p.511-512．（2.3.1.5 書き下ろし）

2.3.2　佐藤翔．ハゲタカ OA 論文の4割は一度は引用されている．2019，vol.69，no.4，p.171-172．（2.3.2.5 書き下ろし）

3章

3.1.1　池内有為．研究データ管理（RDM）の目的地と現在地．2019，vol.69，no.3，p.125-127．（3.1.1.6 書き下ろし）

3.1.2　池内有為．データマネジメントプラン（DMP）：FAIR 原則の実現に向けた新たな展開．2018，vol.68，no.12，p.613-615．（3.1.2.8 書き下ろし）

3.2.1　池内有為．研究データの公開とライセンスの検討状況．2018，vol.68，no.6，p.295-297．（3.2.1.7 書き下ろし）

3.2.2　池内有為．研究データの検索ツール．2019，vol.69，no.6，p.256-258．（3.2.2.6 書

き下ろし）

3.2.3 池内有為．研究データの信頼性：データの選択方法と質の向上．2019，vol.69，no.9，p.435-437．（3.2.3.5 書き下ろし）

4章

4.1.1 尾城孝一．進化するプレプリントの風景．2020，vol.70，no.2，p.83-86．

4.1.2 池内有為．オープンサイエンスの効果と課題：新型コロナウイルスおよび COVID-19に関する学術界の動向．2020，vol.70，no.3，p.140-143．（4.1.2.5 書き下ろし）

4.2.1 佐藤翔．オープン・サイテーションのいま．2019，vol.69，no.10，p.480-482．（4.2.1.5 書き下ろし）

4.2.2 池内有為．データ引用：新たな規範への道のり．2018，vol.68，no.9，p.467-469．（4.2.2.8 書き下ろし）

4.3.1 林豊．「次世代リポジトリ」のヴィジョン．2018，vol.68，no.5，p.258-259．

4.3.2 尾城孝一．もうひとつの図書館クラウドファンディング：図書館共同出資モデルによるオープンアクセスの推進．2019，vol.69，no.11，p.523-525．

4.3.3 尾城孝一．研究データ管理を担う人材育成のための教材開発．2019，vol.69，no.5，p.216-218．

5章

5.1 林豊．異版にまつわるエトセトラ．2018，vol.68，no.8，p.412-414．

5.2 林豊．"Access Broker" と呼ばれても．2018，vol.68，no.11，p.566-568．（5.2.7 書き下ろし）

5.3 佐藤翔．機械が書いた学術書『Lithium-Ion Batteries』．2019，vol. 69，no.7，p.324-326．（5.3.5 書き下ろし）

[監修者]
一般社団法人　情報科学技術協会

[編者]
南山　泰之（みなみやま・やすゆき）
　　　総合研究大学院大学複合科学研究科情報学専攻博士課程修了
　　　博士（情報学）
現在　国立情報学研究所　オープンサイエンス基盤研究センター　特任助教
▶専門図書館，シンクタンクでのデータライブラリアン業務経験を活かし，2019年から
国立情報学研究所で研究データ基盤関連事業に携わる。関心分野は研究データのアクセ
スと再利用を促進するデータキュレーション。2023年5月現在，一般社団法人 情報科学
技術協会理事。

[執筆者一覧]（五十音順）
池内　有為（いけうち・うい）
　　　筑波大学大学院博士後期課程図書館情報メディア研究科単位取得退学
　　　博士（図書館情報学）
現在　文教大学文学部准教授
▶2016年より文部科学省科学技術・学術政策研究所の客員研究官として研究データ共有
及び論文のオープンアクセスやプレプリントに関する調査を行っている。2023年5月現
在，日本学術振興会人文学・社会科学データインフラストラクチャー強化事業リエゾ
ン・オフィサー，SPARC Japan セミナー企画ワーキンググループ。

尾城　孝一（おじろ・こういち）
　　　早稲田大学大学院文学研究科博士前期課程修了
　　　修士（文学）
現在　特定非営利活動法人　UniBio Press
▶大学図書館，国立国会図書館，国立情報学研究所，大学図書館コンソーシアム連合
（JUSTICE）にて，主として学術コミュニケーションに関する業務に携わる。2022年4
月より，UniBio Press にて，国内学会による学術ジャーナル刊行の支援を行う。

佐藤　翔（さとう・しょう）
　　　筑波大学大学院博士後期課程図書館情報メディア研究科修了
　　　博士（図書館情報学）
現在　同志社大学免許資格課程センター准教授
▶大学図書館・学術情報流通に関する研究を起点としつつ，現在は人の情報行動の観点から図書館情報学全般を関心分野とする。2023年4月現在，オープンアクセスリポジトリ推進委員会（JPCOAR）運営委員，宇治市生涯学習審議会委員，大阪府立図書館協議会専門委員。

林　和弘（はやし・かずひろ）
　　　東京大学大学院理学系研究科化学専攻博士過程中退
　　　修士（化学）
現在　文部科学省科学技術・学術政策研究所データ解析政策研究室長
▶日本化学会にて電子ジャーナルとビジネスモデルの開発，オープンアクセス対応を先駆けて行った経験を生かして，オープンサイエンス政策作りと実践に携わる。
G7，UNESCO，OECD，日本学術会議，内閣府，AMED他の活動を支援し，科学と社会の変容を促す。一般社団法人 情報科学技術協会副会長。

林　豊（はやし・ゆたか）
　　　名古屋大学大学院多元数理科学研究科博士前期課程修了
　　　修士（数学）
現在　国立情報学研究所学術基盤推進部学術コンテンツ課副課長心得
▶国立大学図書館（京都大学，九州大学）や国立国会図書館関西館での勤務を経て，2019年度から国立情報学研究所で研究データ基盤関連の事業に携わる。

▶小社ウェブサイトの「サポート→その他」にて本書の用語集を公開しております。
▶以下 URL, 右記 QR コードからもアクセスが可能です。
https://www.jusonbo.co.jp/OS_Glossary/index.php

オープンサイエンスにまつわる論点
——変革する学術コミュニケーション

2023年6月20日　初版第1刷発行

検印廃止

監修者	一般社団法人 情報科学技術協会	
編　者	南　山　泰　之	
著　者	池　内　有　為	
	尾　城　孝　一	
	佐　藤　　　翔	
	林　　　和　弘	
	林　　　　　豊	
発行者	大　塚　栄　一	

発行所　株式会社 樹村房
〒112-0002
東京都文京区小石川5丁目11-7
電　話　03-3868-7321
ＦＡＸ　03-6801-5202
振　替　00190-3-93169
https://www.jusonbo.co.jp/

組版・印刷・製本/亜細亜印刷株式会社